Merve Verlag

Sianne Ngai

Das Niedliche und der Gimmick
Zwei ästhetische Kategorien

Aus dem Englischen
übersetzt von Christina Dongowski

Merve Verlag

Deutschsprachige Erstausgabe

Originalausgaben

»The Cuteness of the Avant-Garde«, *Critical Inquiry* 31.4 (Sommer 2005)
»Theory of the Gimmick«, *Critical Inquiry* 43.2 (Winter 2017)

Mikkel Bolt, Devika Sharma, »Kritikkens fortsættelse – Interview med Sianne Ngai«, in: *K&K – Kultur Og Klasse*, 44(122), S. 5-20 (2016). doi.org/10.7146/kok.v44i122.25048

Printed in Germany
Druck- und Bindearbeiten: Dressler, Berlin
Umschlagentwurf: Jochen Stankowski, Dresden
Redaktorat: Lisa Kindorf, Tom Lamberty
ISBN 978-3-96273-047-5
www.merve.de

Inhalt

THEORIE DES GIMMICKS

1. EIN ARBEITSSPARENDES GERÄT

Was sagen wir als Subjekte kapitalistischer Lebenswelten implizit, wenn wir etwas als Gimmick bezeichnen, mal abgesehen von den jeweils unterschiedlichen Objekten, die so benannt werden und den unterschiedlichen Identitäten derjenigen, die den Begriff gebrauchen? Was wird mit diesem ambivalenten, wenn auch meist negativen ästhetischen Urteil über eine gemeinsame Welt ausgesagt, vielleicht, ohne dass sich die Sprecherïnnen darüber bewusst sind? Was also steckt in diesem faszinierend komplexen, aber auch alltäglichen Sprechakt – ein Bedürfnis nach universeller Zustimmung, das auf Gefühlen statt auf Begriffen beruht –, der spontan durch die Wahrnehmung einer Form hervorgerufen wird?

Beginnen wir damit, dass wir die Frage anders stellen: Warum sind Gimmicks auf beinahe komische Weise irritierend? Ivor Brown scheint schon vom Wort genervt, widmet ihm aber trotzdem einen ganzen Essay in *Words in Our Time* (1958), in dem er seine Abscheu vor dem Begriff liebevoll erforscht. »Komiker haben ihre Gimmicks, die sie als Slogan, Erkennungsmelodie oder Requisiten für ihre Auftritte nutzen.«[1] Gimmicks scheinen zum

Unterschiedliche Versionen dieses Textes habe ich an verschiedenen Institutionen vorgetragen. Ich möchte dem Publikum der Universität Kopenhagen, der Universität von Maryland in College Park, der Universität von Chicago, der New York University, Johns Hopkins, der Universität von Toronto, der Northwestern University, Ohio State, der Universität von Wisconsin in Milwaukee und der Stanford University für

Teil schon allein deshalb Verachtung hervorzurufen, weil sie jobbezogen sind: Requisiten, die für ästhetische Verfahren benutzt werden, so dass wir irgendwie dazu verleitet werden, sie als eigenständige ästhetische Objekte zu betrachten. Das sonst so vielgepriesene Konzept der ästhetischen Autonomie wird dabei zur unerwünschten Eigenschaft, sobald es nicht vom Werk als Ganzem, sondern unerlaubterweise von einem als Mittel dienenden Teilobjekt beansprucht wird. Noch wichtiger für unser Verständnis des Gimmicks ist, dass ein Gimmick nicht nur ein »billiger Trick« ist, wie Brown ihn nennt, sondern dass er irritiert, weil er Arbeit und Zeit »abkürzt«. Brown schreibt: »Ich erinnere mich an einen alten Varieté-Komiker namens Phil Ray, der seine Nummer mit ›I always abbriev. It's my hab‹ begann. Nie ein Wort zu Ende auszusprechen war sein (nicht sonderlich amüsanter) Gimmick« (WT, 48).

Abstoßend, aber auch auf besondere Weise anziehend, und mit einem gewissen Charme ausgestattet, den wir, wenn überhaupt, eher widerwillig anerkennen, sind arbeits- und zeitsparende Gimmicks natürlich nicht auf die Komik oder die Kunst beschränkt. Wir finden sie bei Schuhen und Autos, Haushaltsgeräten und Lebensmitteln, in Politik und Werbung, Journalismus und Pädagogik, so ziemlich bei jedem Gegenstand, der im Kapitalismus hergestellt und verkauft wird. Aber Komik bzw. Komödie, und insbesondere jene, die David Flusfelder die »Komik des Prozeduralen« nennt, eignet sich besonders gut dafür, die Einzigartigkeit des Gimmicks als ästhetische Kategorie herauszuarbeiten, das heißt

---

ihre Beiträge danken. Mein besonderer Dank gilt Lauren Berlant.

1 Ivor Brown, *Words in Our Time*, London 1958, S. 58-59. [WT]

als Form, die auf eine spezifische Weise mit einer Beurteilung verbunden ist, welche auf den Gefühlen beruht, die von unserer Wahrnehmung dieser Form hervorgerufen werden.[2] Wie in der »Operationalen Ästhetik«, die Neil Harris in *Humbug. The Art of P. T. Barnum* beschreibt, verwandelt die Komik des Prozeduralen moderne Rationalität im Allgemeinen in eine ästhetische Erfahrung, indem sie die »Faszination [der Leserinnen] für die Art und Weise, wie die Dinge funktionieren«[3] und »die Veranschaulichung von Ursache und Wirkung«[4] fördert. Den Anreiz, an »Information und Technik« Vergnügen zu finden, den Harris in einer ganzen Reihe von Gegenständen aus dem 19. Jahrhundert verortet, »die ihre eigene Funktionsweise offenlegen«, von Zeitungsenten bis

---

2 David Flusfelder in der Einleitung zu Helen DeWitt, *Lightning Rods*, High Wycombe 2013, S. IX. Zur ästhetischen Kategorie als historisch spezifischer Beziehung zwischen einem Stil und einem Urteil, zwischen einer Form und einem perlokutiven Sprechakt, vgl. Sianne Ngai, *Our Aesthetic Categories. Zany, Cute, Interesting*, Cambridge MA 2012.

3 »Die Objekte im Inneren [von Barnum's American Museum] und Barnums Aktivitäten außerhalb fokussierten die Aufmerksamkeit auf ihre eigenen Strukturen und Funktionsweisen [...] und versetzten Publikum und Teilnehmende in die Lage, – zumindest luden sie dazu ein –, zu verstehen, wie sie funktionierten. Um diese Beschreibung mit einem Etikett zu versehen, könnte man es ›Operationale Ästhetik‹ nennen, ein Versuch, die Gleichsetzung von Schönheit mit Information und Technik erfahrbar zu machen«. Neil Harris, *Humbug. The Art of P. T. Barnum*, Chicago 1973, S. 57; vgl. außerdem S. 61-89. [HB]

4 Tom Gunning, »Crazy Machines in the Garden of the Forking Paths: Mischief Gags and the Origins of American Film Comedy«, in: Kristine Brunovska Karnick, Henry Jenkins (Hg.), *Classical Hollywood Comedy*, London 1994, S. 100. [CM] Für eine Erörterung dieser Texte zur »Operationalen Ästhetik« in Bezug auf Buster Keatons dialektische Komik s. Lisa Trahair, *The Comedy of Philosophy. Sense and Nonsense in Early Cinematic Slapstick*, Albany NY 2007, S. 68-72.

hin zu Seefahrergeschichten (HB, 57), steht auch im Zentrum der frühen Filmkomik. Wie Tom Gunning uns zeigt, wird die Aufforderung, sich Kausalität vorzustellen, besonders in Filmkomödien deutlich, in denen ein »Geräte-Gag« oder ein »Apparat« vorkommen: die Wurstmaschine, bei der Tiere an einem Ende hineingetrieben werden und am anderen als Wurstketten wieder herauskommen; oder das Netz aus Schnüren, mit dem Kinder Eimer, Decken und andere Gegenstände an arglosen Erwachsenen festbinden, die dadurch Teil einer aufwändigen »Verknüpfungsvorrichtung« werden – welche von den Geschöpfen, die sich darin verheddern, nicht durchschaut werden kann (CM, 100).[5]

Ausgehend von diesem Bild eines Apparates, der Akteur:innen zusammenbindet, die ansonsten wirken, als handelten sie unabhängig voneinander (sie also »hinter [ihren] Rücken« verbindet, wie Karl Marx zu sagen pflegt), lässt sich vermuten, dass die Form des Gimmicks, wie die Komik des Prozeduralen, die ihn so ostentativ herausstellt, eindeutig als Phänomen des Industriekapitalismus und nicht nur als das einer rationalistischen Moderne hervortritt.[6] Die industrielle Produktionsweise existiert heute weiter unter den Bedingungen ihrer eigenen gleichermaßen

---

5 Wir dürfen aber nicht vergessen, dass kapitalistische Prozesse kompliziertere Kausalitätszusammenhänge umfassen, die nicht so einfach darzustellen sind wie die linearen, mechanischen Ursache-Wirkungs-Beziehungen, die diese Filme zeigen.

6 Vgl. dazu u. a. diese Stelle aus dem *Kapital*: »Aber die Teilung der Arbeit ist ein naturwüchsiger Produktionsorganismus, dessen Fäden hinter dem Rücken der Warenproduzenten gewebt wurden und sich fortweben.« (Karl Marx, *Das Kapital*, Bd. 1, S. 121, MEW, Bd. 23, Berlin/DDR 1962)

postindustriellen wie deindustrialisierten Nachwirkungen fort, in denen Finanzinstrumente wie CDSs und CDOs – die die im unmittelbaren Produktionsprozess geschaffenen Werte abzweigen und verschieben – älteren Gimmicks wie der Tontine und dem Ponzi-Schema neues Leben einhauchen. Der Gimmick, so die These dieses Essays, ist ein genuin kapitalistisches ästhetisches Phänomen. Es ist aufschlussreich, dass das Wort, mit dem dieses nicht ganz so wunderbare Wunderdings schlussendlich auf seinen Begriff gebracht wird, nicht vor Ende der 1920er Jahre im Druck erscheint, zu einer Zeit sowohl der Begeisterung als auch der radikalen Enttäuschung über eine ganze Reihe kapitalistischer (industrieller, kommerzieller als auch finanzieller) Methoden.[7]

Natürlich gibt es bereits Jahrhunderte vor diesen ökonomischen Entwicklungen technische Wunderwerke, die wir versucht sind, als Gimmick zu bezeichnen. Im Zuge seiner Beschreibung von »Melchior Broederlams mechanische[n] Apparaten [n], die es Philipp dem Kühnen erlaubten, seine Gäste mit Wasser und Sand zu besprühen«, weist Giorgio Agamben darauf hin, dass es vor dem 17. Jahrhundert in der europäischen Wahrnehmung keinen signifikanten Unterschied zwischen »Werken religiöser Kunst« und komplizierten Vorrichtungen wie jenen im Schloss von Hesdin gab, wo es »einen Saal gegeben haben soll, der außer Malereien mit Motiven aus der Geschichte Jasons noch eine Reihe

7 Die Darstellung folgt dem (für ein so idiosynkratisches Wort) erstaunlich vagen, sogar lustlosen Eintrag im *Oxford English Dictionary,* der nach einem Verweis auf die umstrittene Theorie, *gimmick* sei ein Anagramm von *magic*, die Herkunft des Wortes als »unbekannt« angibt. (*Oxford English Dictionary*, siehe »gimmick«).

von Geräten enthielt, die zur Steigerung des realistischen Erlebens des Dargestellten bestimmt waren und die neben Blitz, Donner, Schnee und Regen auch Medeas Zaubergesänge hervorbringen konnten.«[8] Diese präkapitalistischen Gerätschaften, wie gimmickartig sie uns heute auch vorkommen mögen, erhoben aber keinen besonderen Anspruch auf die Verkürzung von Arbeit, den sie dann nicht erfüllten. Noch bezeichnender ist, dass solche Geräte Gegenstand reiner Bewunderung waren, ohne eine Beimischung von Verachtung oder Argwohn. Erst heute ist der Deus ex Machina, die Maschine bzw. der Kran, mit dem in der antiken griechischen Tragödie die Götter auf die Bühne gehoben wurden, zum Synonym für eine billige oder ästhetisch nicht überzeugende Vorrichtung geworden, nur um einen Plot aufzulösen.[9]

Solche Apparate waren für ihre antiken und mittelalterlichen Zeitgenossinnen einfach nur Wunderdinge, weder mehrdeutig noch komisch. Der kapitalistische Gimmick hingegen ist immer ein Wunderding *und* ein Trick.[10] Er ist eine Form, die wir bestaunen *und* der wir misstrauen, die wir bewundern *und* verachten,

---

8 Giorgio Agamben, *Der Mensch ohne Inhalt*, Berlin 2012, S. 23.

9 Rob Breton meint dagegen, Frances Dunn zitierend, dass »die Kritik am Deus ex Machina so alt sei wie die Mechanik selbst«. Breton schreibt: »Dunn übersetzt den Komödiendichter Antiphanes, der sich beschwert, der Mechanismus ›verschleiere die Unfähigkeit der Tragiker‹, so: ›Wenn sie nicht mehr weiter wissen / und sich im Stück komplett verbissen / lassen sie die Maschine raus / und das Publikum ist es zufrieden / Aber nichts davon geht für uns‹« (Rob Breton, »Ghosts in the Machina. Plotting in Chartist und Working-Class Fiction«, in: *Victorian Studies* 47, Sommer 2005, S. 557)

10 Mein Dank gilt Lauren Berlant für diese besonders treffende Formulierung meiner These.

deren affektive Intensität sich genau durch diese Ambivalenz für uns verstärkt.[11] Tatsächlich ist der Gimmick genau dieses Gleiten

---

[11] Wir kommen daher in Michel de Montaignes Essay »Von den nichtigen Spitzfindigkeiten« dem eigentlichen Gimmick näher, wo Montaigne amüsiert und gleichzeitig verachtend hervorhebt, »wie manche Poeten ganze Dichtwerke in Versen verfassen, die mit demselben Buchstaben beginnen;« Indem er diese literarischen Glanzleistungen mit den Kunststücken eines Schaustellers vergleicht, »ein Hirsekorn mit solcher Geschicklichkeit zu werfen, daß er es ohne Fehl immer durch das Öhr einer Nadel brachte«, zeigt Montaigne, wie sie auf Vergangenes als auch auf Zukünftiges verweisen. Auf der einen Seite gehen sie zurück zu »Eiformen, Kugelformen, Flügel- und Axtformen, welche die Griechen mit ihren Versmaßen zurechtbastelten«, auf der anderen Seite verweisen sie auf Montaignes Zeitgenossen, wie dem, »der sich damit abgab, zu berechnen, auf wie viele Weisen sich die Buchstaben des Alphabets anordnen ließen, und die unglaubliche Zahl fand, die man bei Plutarch liest.« Vielleicht um ähnliche Kritik an seinen eigenen, hochartifiziellen, oft abschweifenden Experimenten mit der neuartigen Form des Essays abzuwehren (wie es der letzte, selbstreflexive Absatz nahelegt), stellt er fest: »Es ist ein staunenswerter Beweis der Schwäche unseres Verstandes, daß er uns die Dinge um ihrer Seltenheit oder Neuheit willen anpreist, oder auch wegen ihrer Schwierigkeit, auch wenn sich *weder Güte noch Nutzbarkeit* dabei finden.« (Michel de Montaigne, *Essais*, übers. v. Herbert Lüthy, Zürich 1984, S, 297f.)

Im Gegensatz zum Wunderding tritt in dieser Bewertung der nichtigen Spitzfindigkeit eine Negativität zutage, die uns der Ambivalenz des Gimmicks näherbringt. Es ist bemerkenswert, dass Montaigne noch keine Begriffsbestimmung für diese überbewerteten ästhetischen Gegenstände hat. Zu seiner Zeit scheint für die Beschreibung der ambivalenten ästhetischen Erfahrung, die er eigentlich schildern will, nur die Negation positiver Begriffe (»weder Güte noch Nutzbarkeit «) zur Verfügung zu stehen. Auch fehlt bei Montaigne die Behauptung des Gimmicks, Arbeit zu sparen. Weit davon entfernt, eine Verringerung von Mühe und Anstrengung oder gar ihr Verschwinden zu versprechen, scheinen die »nichtigen Spitzfindigkeiten«, von denen Montaigne schreibt, sie eher zu erhöhen: gerade die Aufwändigkeit zwischen positiven und negativen Urteilen – Wunder und Trick, – und zwar so, dass er eine besondere Beziehung zur Komik herstellt, indem er uns einen Zugang zu diesem Genre eröffnet, wie es die zweifelsfrei bewunderten vorkapitalistischen Gerätschaften nicht können.

Wie ich bereits angedeutet habe, lässt sich die »Verknüpfungsvorrichtung«, die Gunning als Beispiel für den klassischen Gimmick oder Gag wie auch für die Operationale Ästhetik früher Filmkomödien hervorhebt, als Emblem einer ganzen Produktionsweise lesen. Könnte unsere Erfahrung der kompromittierten ästhetischen Form des Gimmicks, wie sie sich uns besonders in der Komik des Prozeduralen zeigt, vielleicht auf eine noch tiefergehende Weise mit den Methoden und Geräten des Kapitalismus verbunden sein? Und zwar auf eine Weise, die etwas mit dem besonderen Verhältnis des Gimmicks zur Zeit (Ersparnis), zur Arbeit (ihrer Reduktion) und zum Wert (seinem Verlust) zu tun hat?

Wie schon Browns Kommentar über die Komiker gezeigt hat, existiert offensichtlich eine Verbindung zwischen unserer negativen Bewertung der ästhetischen Integrität des Gimmicks und unserer negativen Beziehung zur Verkürzung der Arbeit, die er zu kodieren scheint. Nehmen wir die *Notes on Comedy* von L. C. Knights (1933). Knights beginnt mit einer Klage über die Litera-

---

oder »Schwierigkeit« ihrer Erzeugung wird hervorgehoben.

Über Ambivalenz als einen Faktor, der die affektive Intensität unserer Anhänglichkeit an ein Objekt im Allgemeinen eher erhöht als sie auf einen Mittelwert zu bringen, in dem sich die positiven und die negativen Gefühle ausgleichen und uns selbst »im Gleichgewicht« zurücklassen, vgl. Robert Pfaller, *Die Illusionen der anderen. Über das Lustprinzip in der Kultur*, Berlin 2012, S. 122-128.

turkritik, indem er Haushaltsgeräte auflistet – Staubsauger, Geschirrspüler, Kaffeemaschine –, um seine Verachtung für das Versprechen des Gimmicks zu unterstreichen, damit die Arbeit zu erleichtern: »Arbeitssparende Geräte sind in der Literaturkritik üblich. Wie die Produkte, die in Frauenzeitschriften angepriesen werden, erledigen sie die Arbeit oder scheinen sie zu erledigen, um dem Geist mehr Freiraum für stärker betäubende Unterhaltungsformen zu verschaffen. Verallgemeinerungen und Schemata sind solche Gerätschaften.«[12]

Bemerkenswert ist, dass Knights allein schon die Idee eines »arbeitssparenden Gerätes« verdächtig erscheint, was in gewisser Weise durch die Assoziation von Maschinen mit Frauen verstärkt wird, ganz gleich ob diese Geräte nur so tun, als sparten sie Arbeit, oder es tatsächlich tun. Hinter dem, was sich hier als übertriebenes Echauffieren von jemandem darstellt, der den Verlockungen des Gimmicks in seinem eigenen Metier nicht erliegen will, verbirgt sich aber eine konkrete gesellschaftliche Fragestellung: Unter welchen Umständen würde die Arbeitsersparnis durch ein Gerät – das banalste Versprechen jeder Technologie – selbst wenn sie *nicht* illusorisch wäre, als etwas Verachtenswertes, Unglaubwürdiges oder generell Negatives angesehen? Wo doch, aufgrund des strukturell bedingten kapitalistischen Zwangs zur Profitmaximierung, arbeitssparende Maschinen der einzige Weg zur Wiedervereinigung dessen wären, was der Kapitalismus grundlegend trennt – Produktionsmittel und Arbeitskraft –, ihre Verbreitung aber mit einem steigenden Anteil von Maschinen im

12 L. C. Knights, »Notes on Comedy«, in: *Scrutiny*, März 1933, S. 356f.

Verhältnis zu Arbeitern einhergeht. Dann, wenn sich arbeitssparende Maschinen, die aufgrund des strukturell bedingten kapitalistischen Zwangs nach Profitmaximierung als Einzige in der Lage sind, das wieder zu vereinen, was der Kapitalismus grundsätzlich getrennt hält, – Produktionsmittel und Arbeitskraft – synchron mit der wachsenden Zahl von Maschinen im Verhältnis zu der der Arbeiter'innen ausbreiten. Was Marx die zunehmende »organische Zusammensetzung des Kapitals« nennt, produziert wiederum tendenziell sinkende Profitraten, die zur Flucht des Kapitals in unproduktive Wirtschaftszweige und zu steigender Arbeitslosigkeit führen, während es gleichzeitig die Kapitalist'innen dazu antreibt, neue, immer ausgefeiltere Methoden zu entwickeln, innerhalb des unmittelbaren Produktionsprozess immer spezifischere Zuwächse an Mehrarbeit aus den Arbeiter'innen zu pressen, auf denen das gesamte System weiterhin beruht.[13] Auch wenn wir nicht falsch liegen, wenn wir aus Knights Kommentar eine gewisse Empörung über die Verletzung der protestantischen Arbeitsethik herauslesen, ist das nur ein Teil der Geschichte. Das allein kann nicht für das grundsätzliche Misstrauen gegenüber dem arbeitssparenden Gerät ausschlaggebend sein, das sich nicht nur auf den »Geist« des Kapitalismus bezieht, sondern auf seine grundlegenden Prozesse. Hier wird der Begriff der Arbeitsersparnis vollends ambivalent. Ob als Idee (»Verallgemeinerungen und Schemata«) oder als Ding (»Produkte, die in Frauenzeitschriften beworben werden«), das Gerät, das menschliche Arbeit »erspart«, trägt auf lange Sicht sowohl zu ihrer Ausweitung als auch zu ihrer Abschaffung bei.[14]

---

13 Marx, *Das Kapital*, a. a. O., S. 640.

14 Den Feministinnen der zweiten Welle ist das Phänomen in Bezug auf

Der Gimmick ist das dingliche Korrelat dieser Ambivalenz, indem er die Reduktion menschlicher Arbeit durch immer avanciertere Maschinen und Produktionsverfahren, als Quelle gesteigerter wirtschaftlicher Produktivität und materiellen Wohlstands, in ein Zeichen für Verarmung im Bereich des Ästhetischen übersetzt. Denn Gimmicks gelten in Bezug auf ihren ästhetischen Wert als unzureichend, auch wenn wir ihre Anziehungskraft indirekt anerkennen. Etwas einen Gimmick zu nennen, ist eine distanzierende Bewertung, eine Artapotropäische Abwehr, indem man öffentlich erklärt, von den Ansprüchen und Reizen des kapitalistischen Geräts unbeeindruckt oder für sie unempfänglich zu sein. Gleichzeitig ermöglicht uns der Gimmick indirekt anzuerkennen, dass wenn nicht wir selbst, andere für die Macht dieses Zaubers empfänglich sind.[15] Auf diese elliptische Weise kann man Gim-

---

Haushaltsgeräte schnell klar geworden, sie kritisierten bspw. die Heilsversprechen von Abhandlungen zur Hauswirtschaftslehre wie Christine Fredericks *Efficient Housekeeping or Household Engineering. Scientific Management in the Home*, Chicago Il 1925. Neben anderen zeigte Betty Friedan auf, dass Haushaltsgeräte indirekt zu einem Anstieg der Arbeitsbelastung von Hausfrauen führen können; vgl. Betty Friedan, *Der Weiblichkeitswahn oder die Selbstbefreiung der Frau*, Reinbek 1966, S. 140-143. Eine Auslegung der »Geräte«-Komödien des amerikanischen Regisseurs Charley Bowers als Satire über Frederick und die Taylorisierung der Hausarbeit findet sich bei William Solomon, »Slapstick Modernism: Charley Bowers and Industrial Modernity«, in: *Modernist Cultures* 2, Winter 2006, S. 176.

15 Dieser Akt der Ablehnung und der Anerkennung zugleich macht den Gimmick zu einem besonders guten Beispiel für das, was Robert Pfaller Einbildung ohne Eigentümer nennt: Beispielsweise die abergläubischen Rituale von Sportfans, die in der gegenwärtigen säkularen Kultur »immer den anderen zukommen, nie einem selbst zugehören«. Das Wissen um das Illusionäre dieser Einbildungen hat kei-

micks amüsant oder sogar niedlich finden (tatsächlich nimmt der Gimmick oft die Gestalt einer entzückend miniaturisierten Maschine an). Aber trotzdem ist es unser Gefühl des Argwohns, dicht gefolgt von dem der Abneigung, dass das ästhetische Urteil über den Gimmick an sich und die ästhetische Erfahrung mit ihm ausmacht. Ohne dieses Moment des Misstrauens und der Abneigung, das unmittelbar auf unsere anfängliche Begeisterung über das Bild von etwas zu reagieren oder sie sogar zu korrigieren scheint, das verspricht, die menschliche Arbeit zu erleichtern, kann ein Gerät kein Gimmick sein – sondern einfach nur ein Allerweltsgerät. Dies wiederum unterscheidet den eigentlichen kapitalistischen Gimmick von antiken oder feudalen Maschinen, die auf ihre Fähigkeit, die Arbeit effizienter zu machen, verweisen, denn das Versprechen einer gesteigerten Produktivität durch die Verbundlenkerachse oder die Wassermühle löst keine (potenziell komischen) Gefühle von Misstrauen oder Betrug aus. Immer zugleich verzaubernd und abstoßend, und nie einfach nur

---

ne Auswirkungen auf die Anziehungskraft, die sie auf uns ausüben; es verstärkt diese womöglich noch. Aber im Gegensatz zu der eher passiven Form, die diese suspendierten Illusionen zum Beispiel bei Horoskopen annehmen (die sich vermutlich bei einer Mehrzahl, die nicht daran glaubt, großer Beliebtheit erfreuen), ermöglicht die Beurteilung als Gimmick, dass sich das Subjekt aktiv von den Reizen des kapitalistischen Geräts distanziert. So kann es demonstrativ seinen Widerstand gegen dessen falsche Versprechungen von der Arbeitsersparnis erklären, auch wenn andere sonst auf diese reinfallen. (Pfaller, *Die Illusionen der anderen*, a.a.O., S. 9-12.) Bei dieser Geschichte der Verschiebung oder Übertragung von Glaubensmeinungen spielt Snobismus zweifelsohne eine Rolle. Dennoch glaube ich nicht, dass er uns viel über die Bedeutung der Beurteilung als Gimmick erklärt, oder über die kritische Arbeit, die der affektive Sprechakt leistet.

das eine oder das andere, erweist sich der Gimmick erneut als grundlegend kapitalistisches Phänomen – ein »trauriges Wunder«, wie es der Dichter George Oppen nennt.[16]

Diese Ambivalenz tritt am deutlichsten in einem Aspekt des Gimmicks zutage, der uns, meiner Einschätzung nach, am stärksten irritiert und anzieht: In der Art und Weise, wie er gleichzeitig zu viel und zu wenig zu arbeiten scheint. Die nach ihm selbst benannten Erfindungen des ehemaligen Vaudeville-Künstlers und Bergbauingenieurs Rube Goldberg, in seinen eigenen Worten Erkundungen »des menschlichen Vermögens, maximale Anstrengungen für minimale Ergebnisse aufzubringen«[17] lassen diesen Widerspruch in beeindruckender Form hervortreten. In den augenzwinkernden Entwürfen für fiktive Maschinen, die im frühen 20. Jahrhundert zuerst als Zeitungscartoons erschienen und die heute etwa in Ingenieurswettbewerben bis hin zum Kunstfilm *Der Lauf der Dinge* (1987) von Peter Fischli und David Weiss weiterleben, wird eine verblüffende Anzahl unbelebter Gerätschaften in

---

16 George Oppen, »Of Being Numerous. Sections 1-22«, in: ders., *New Collected Poems*, New York NY 2008.

17 Maynard Frank Wolfe, *Rube Goldberg. Inventions*, New York NY 2000, S. 53. Mit diesem übermäßigen Arbeitsaufwand in der Kunst verwandt sind Theodor Adornos Ausführungen über die Themen, die er »tour de force« oder technische Virtuosität nennt, und Thomas Manns Idee von »Kunst als höherem Jux«: »Technologische wie ästhetische Analyse werden fruchtbar daran, daß sie des tour de force an den Werken innewerden. Auf dem obersten Formniveau wiederholt sich der verachtete Zirkusakt: die Schwerkraft besiegen; und die offene Absurdität des Zirkus: wozu all die Anstrengung, ist eigentlich schon der ästhetische Rätselcharakter.« (Theodor W. Adorno, »Ästhetische Theorie«, in: ders., *Gesammelte Schriften*, Bd. 7, Frankfurt a. M. 2019, S. 277)

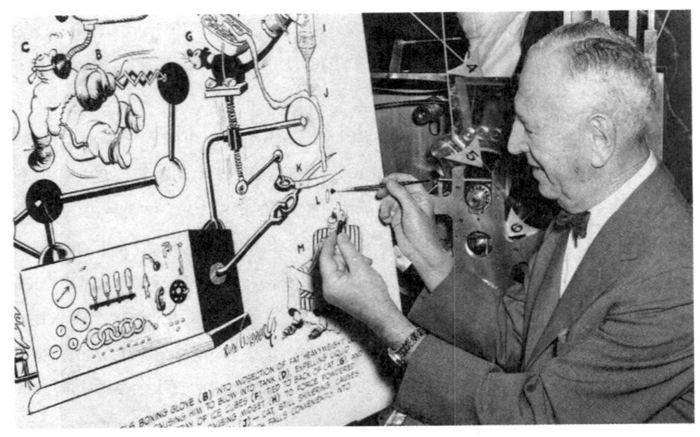

Rube Goldberg. Copyright heirs of Rube Goldberg / Courtesy Abrams Books

akribisch durchdachter Weise mit tierischen oder menschlichen Akteur'innen kombiniert, auch wenn es sich letztendlich nur um ganz einfache, lineare Kausalketten handelt, um enttäuschend banale Aufgaben zu lösen: Aschenbecher ausleeren, einen Kragen zuknöpfen, einen Bleistift spitzen.[18]

---

18 Ich möchte betonen, dass ich die Rube-Goldberg-Maschine (und den Roman *Lightning Rods*, den ich später behandle) als eine Repräsentation des kapitalistischen Gimmicks verstehe, eine Meditation oder eine Studie darüber, wie seine Ästhetik funktioniert, in dem seine Form und Logik mimetisch nachvollzogen werden; wohingegen ich den *Ein Yankee aus Connecticut an König Artus' Hof* (den ich ebenfalls später erörtere) sowohl als Repräsentation als auch als Beispiel verstehe. Da die Rube-Goldberg-Maschine eine Meditation über den *kapitalistischen* Gimmick ist, lohnt es sich, sich an etwas zu erinnern, was ihre zeitgenössischen Erweckungsprediger gerne vergessen, nämlich daran, wie oft diese Vorrichtungen ihr großes Sortiment an unbelebten Gegenständen (tote Arbeit – die wir immer erinnern) mit

Pencil Sharpener

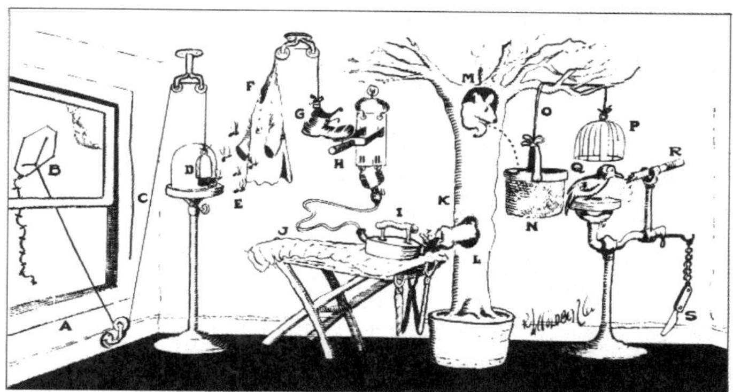

The Professor gets his think-tank working and evolves the simplified pencil sharpener.

Open window (**A**) and fly kite (**B**). String (**C**) lifts small door (**D**), allowing moths (**E**) to escape and eat red flannel shirt (**F**). As weight of shirt becomes less, shoe (**G**) steps on switch (**H**) which heats electric iron (**I**) and burns hole in pants (**J**). Smoke (**K**) enters hole in tree (**L**), smoking out opossum (**M**) which jumps into basket (**N**), pulling rope (**O**) and lifting cage (**P**), allowing woodpecker (**Q**) to chew wood from pencil (**R**), exposing lead. Emergency knife (**S**) is always handy in case opossum or the woodpecker gets sick and can't work.

Pencil Sharpener. Copyright heirs of Rube Goldberg / Courtesy Abrams Books

An die »Verknüpfungsvorrichtung« in Gag-Filmen erinnernd, fängt eine Rube-Goldberg-Maschine perfekt ein, wie das, was der

---

lebenden Tieren oder kleinen menschlichen Wesen kombinieren (lebendige Arbeit). Wie Michael North bemerkt, stützen sich die Rube-Goldberg-Maschinen entgegen all ihrer »irrationalen Komplexität« auf einfache, »organisch erzeugte« Energiequellen, die üblicherweise irgendeine Form der Tierquälerei beinhalten: »Ein Springteufel erschreckt ein Stachelschwein, ein Stachelschwein verbrennt sich die Zunge an einem scharfen Chiligericht, ein französischer Pudel macht einen Freudensprung als er einen deutschen Dackel zusammenbrechen sieht, – und schon setzt sich die Apparatur in Bewegung.« Michael North, *Machine-Age Comedy*, New York NY 2009, S. 90. [MC]

Gimmick tut, um seine erwünschte Wirkung zu erreichen, übermäßig arbeitsintensiv, gleichzeitig aber auch auf seltsame Weise zu einfach wirkt. Deswegen können wir sie sowohl bewundernd als arbeitssparenden »Kniff« oder auch abwertend als »faulen Trick« bezeichnen.[19]

In dieser gleichzeitig über- und unterperformanten Erscheinungsweise spiegelt sich die fragwürdige Arbeitseinsparung, die der Form des Gimmicks eingeschrieben ist; der Hauptgrund, warum er uns sowohl anzieht als auch abstößt. Weil Kapitalist:innen nach Maschinen auf dem neuesten Stand der Technik zu Anschaffungspreisen suchen, die unter den Einführungskosten neuer

---

19 Goldbergs Cartoons sind, wie die von Gunning analysierten Mischief-Gag-Filme [Üble-Streiche-Scherzfilme], Teil des »New Humor« zu Beginn des 20. Jahrhunderts: eine medienübergreifende Form der populären, vor allem vom Vaudeville beeinflussten Komik, mit der Komödiant:innen begonnen hatten, »frappante, intensive Effekte gegenüber dem langsamen Aufbau eines komischen Plots zu bevorzugen«. (MC, 136) Aufführenden wie Publikum schienen die Bühnennummern, Zeichnungen, Gedichte und Stories, die mit dem New Humor assoziiert wurden, »auf beängstigendere Weise ›mechanischer‹ zu sein als der Humor der Vergangenheit« (MC, 8). So wie Gimmicks die Oberhand über das traditionelle Storytelling erlangten, wurden die »Mechanismen der Komik fast wie eine Wissenschaft behandelt«; in den Worten eines Autors aus dem frühen 20. Jahrhundert, den North zitiert: »Ein Vokabular basaler mechanischer Vorrichtungen, die sich in jede Aufführung, egal in welchem Kontext, einbauen ließen und dazu da waren, sofortige und starke Effekte zu erzeugen« (MC, 8). New Humor lässt sich also als Neudefinition des Humors durch Techniken verstehen, die als denen der industriellen Produktion verwandt angesehen wurden, und zwar ungefähr zur gleichen Zeit, als sich die Verwendung von *Gimmick* über die Welt der Unterhaltung hinaus ausbreitet und schließlich Geräte (und Effekte) beschreibt, die in ganz unterschiedlichen Kontexten Verwendung fanden – vom Maschinenbau bis in die Politik.

Technologien liegen, erfordert ihre Produktionsweise einen ständigen Abgleich mit dem gesellschaftlichen Alterungsprozess leistungsfähiger Geräte. Wenn man von veralteten Geräten spricht, die ineffizient sind und unter einem kontinuierlich höhergeschraubten Produktivitätsstandard liegen, könnte man teure neue Technologien, die zu früh eingesetzt werden, als zu effizient bezeichnen, – besser als der Standard, aber nicht profitabel. So spiegelt sich die zweideutige Reduktion von Arbeit durch Produktionsmittel, *deren Zeitlichkeit von großer Bedeutung ist*, in einem weiteren, eng damit verbundenen Widerspruch des Gimmicks als kompromittierte ästhetische Form wider: dem, entweder zu alt oder zu neu zu erscheinen.[20] Die Tatsache, dass er nicht auf der

---

20 Ob man ihn als Gerät wahrnimmt, das zu wenig oder zu viel arbeitet, als überholt oder zu fortgeschritten, – unsere Erfahrung des Gimmicks beinhaltet ein Urteil über die Intensität der Arbeit, das aus dem Abgleich mit einer impliziten Norm entsteht (denn jedes Urteil über Ungenügen oder Übermaß setzt einen Standard voraus, von dem aus Abweichungen definierbar werden). Diese stille oder implizite Norm scheint in dem zu bestehen, was Marx den einmal erreichten Stand der Produktivkräfte (Produktivitätsstandard) nennt, der durch das, was er die gesellschaftlich notwendige Arbeitszeit nennt, bestimmt wird und der wiederum selbst die gesellschaftlich notwendige Arbeitszeit bestimmt. Die historische Produktivkraft der Arbeit ist daher der nicht-ästhetische Schatten des Gimmicks. Beide verwenden Arbeitskraft als Maßstab für Zeitgenossenschaft und umgekehrt. Aus diesem Grund ist der Gimmick einzigartig unter den ästhetischen Kategorien, die uns nie so konkret wie er, wie sehr sie auch sonst die Kapitalverhältnisse spiegeln, mit diesen als gesellschaftlichen Abstraktionsverhältnissen konfrontieren. Man muss sich aber klarmachen, dass der Gimmick zwar auf den erreichten Stand der Produktivkräfte verweist, diesen aber nicht genauer benennt. Vielleicht kann man sich das so vorstellen, als umkreise der Gimmick affektiv den eigenen Widerstand gegen quantitative Verfahren.

Höhe »der Zeit« im Sinne ihrer Produktivität ist, da er ihr hinterherhinkt oder ihr zu weit voraus ist, ist ein weiterer Grund, warum uns der Gimmick irritiert, und zwar umso mehr, als er so aggressiv auf seine Zeitgenossenschaft mit seinem Publikum pocht.[21] Dieses Beharren, in dem die Anachronismen des Gimmicks überhaupt erst sichtbar werden (und die er bezeichnenderweise mit der Werbung teilt) scheint darüber hinaus etwas zu viel über das Ziel des Gimmicks zu verraten: Dass er seiner Zielgruppe etwas gibt, von dem er behauptet, er wisse, dass es das sei, was wir wollten. Vor dieser Ansage schrecken wir zurück, – nicht, weil die Behauptung des Gimmicks, uns zu kennen, falsch wäre, sondern weil sie viel zu oft nicht zutrifft.

Komik teilt das Beharren des Gimmicks auf Zeitgenossenschaft, weil sie, so sehen es einige Literaturwissenschaftler'innen, eine besondere Beziehung zum Werturteil (und zur Meta-

---

21 Wie wir später genauer sehen werden, wirft der Gimmick ein Schlaglicht auf Zeitgenössischkeit als ein Zeitproblem, das durch die kapitalistischen Formen von Vergesellschaftung vermittelt ist, und auf Zeitgenössischkeit als ein Problem der Vergesellschaftung, die durch kapitalistische Formen der Zeit vermittelt ist. Und weil sich beide als zentral für die Form Gimmick erweisen werden, ist es bereits hier wichtig zu unterstreichen, dass das Zeitgenössische nicht dasselbe wie das Gegenwärtige ist, sondern stattdessen ein Zeit-Begriff, der »performativ eine [fiktionale] Einheit auf das disjunktive Verhältnis zwischen zeitgleich sich ereignenden Zeiten projiziert,« wie es Peter Osborne formuliert (s. »The Fiction of the Contemporary«, in: ders., *Anywhere or Not at All. Philosophy of Contemporary Art*, London 2013, S. 23). Es stellt außerdem eine genauso spekulative Behauptung über die gegenseitige Zugehörigkeit oder Kollektivität auf: »zur selben Zeit, zur selben Epoche, zur selben Ära gehörend; gemeinsam zu einer bestimmten Zeit leben, existieren, sich ereignen« (*Oxford English Dictionary*, s. »contemporary«).

Beurteilung solcher Urteile) hat. Aufgrund ihrer Verpflichtung »aktuelle Bewertungen im Lichte ihrer Unzulänglichkeiten vorzuführen«, so argumentiert James Feibleman, haben »die spezifischen Argumente [der Komik] immer einen Bezug zur zeitgenössischen Welt.« Die »Zeitgenossenschaft der Komödie« ist daher »eine ihrer wesentlichen Eigenschaften« und direkt mit ihrer Kritik der Idealisierung verbunden.[22] Alenka Zupančič argumentiert ähnlich, wenn auch von einem Standpunkt aus, der der humanistischen Perspektive explizit entgegensteht, die von Feiblemans These, bei der Komödie handele es sich um eine metaevaluative Korrektur von Überbewertungen, stillschweigend gestützt wird. Sie lehnt die These ab, Komik bringe uns aus den luftigen Höhen unserer Identifizierung mit abstrakten Idealen wieder auf die Erde zurück, indem sie die Kontamination des Allgemeinen durch Partikularität ausstellt, und uns so mit Freude zu unserer Körperlichkeit und zum Wissen, das wir nur Menschen sind, zurückbringt. Stattdessen versteht sie Komik als Endlichkeit, die aus Universalien besteht – eine Endlichkeit, die undicht ist.[23] Mit diesem Argument über die inhärent komische Kontamination der Partikularität durch die Universalität (und dem sich daraus ergebenden Bild, der wandelnden Abstraktion beziehungsweise der leibhaftigen Idee) erweitert Zupančič eine Behauptung Agnes Hellers über die das »hervorstechende[] Verhältnis [des Genres] zur Gegenwart.« (GK, 208) Heller weist darauf hin, dass für die Erfahrung des Komischen im Gegensatz

22 James Feibleman, »The Meaning of Comedy«, in: Paul Lauter (Hg.) *Theories of Comedy*, New York NY 1964, S. 464 und S. 465.

23 Vgl. Alenka Zupančič, *Der Geist der Komödie*, Berlin 2014, S. 208. [GK]

zur Zentralität des Trauerns in der Tragödie, kein auf die Vergangenheit bezogenes Gefühl vergleichbar zentral erscheint. Die ungewöhnliche Gegenwartsbezogenheit der Komödie zeigt sich auch darin, dass Live-Improvisationen auf der Bühne ausschließlich das Metier von Komödienschauspielerïnnen sind: »Es gibt keine tragedia dell'arte, nur die commedia dell'arte«, schreibt Heller.[24] Zu dieser Einsicht fügt Zupančič hinzu: Komik ist »extrem geschickt darin *zu zeigen, wie etwas funktioniert* – das heißt, sie ist geschickt darin, die Mechanismen *in der Gegenwart* zu zeigen, die ihr Funktionieren und ihren Fortbestand ermöglichen.«[25] Hier sorgt also nicht das Projekt der Meta-Bewertung für die besondere Verbindung der Komik zur Gegenwart, sondern die Weise, auf die sie die Operationale Ästhetik des Gimmicks teilt, sein Interesse daran zu zeigen, wie Dinge gemacht sind. Interessanterweise definiert der Fokus auf das Verfahren nicht nur eine bestimmte Art von Komödie unter anderen, sondern die Komödie im Allgemeinen.

Schwankend zwischen Wunderding und faulem Trick, Überbewertung und Korrektur, lässt der Gimmick die Mechanismen der Komik schärfer hervortreten, ebenso wie die Komödie den Gimmick als ästhetische Form enthüllt. Aber Gimmicks gehören

---

24 Agnes Heller, *Immortal Comedy. The Comic Phenomenon in Art, Literature, and Life*, Lanham MD 2005, S. 13.

25 Zupančič, *Der Geist der Komödie*, a.a.O., S. 208f; Hervorh. S. N. »Die komischen Elemente reagieren immer (auf andere) in der Gegenwart und obwohl sie gewöhnlich den Eindruck erwecken, dass sie notwendig und unvermeidlich so reagieren, wie sie es tun, zeigen sie auch – denn dies geschieht immer genau vor unseren Augen – eine radikale Kontingenz, die in genau dieser Notwendigkeit im Spiel ist.«

auch in die Welt praktischer und industrieller Erfindungen.[26] In Technikhandbüchern des 20. Jahrhunderts und populärwissenschaftlichen Magazinen finden wir den Begriff als technischen Jargon für den beweglichen Teil einer größeren Maschine, der oft wiederum selbst weitere kleinere Teile umfasst oder aus ihnen besteht.[27] Hier scheint *Gimmick* deskriptiv, nicht wertend verwendet zu werden – ein Sammelbegriff wie *Schnickschnack*, *Dingsbums* oder *Dingsda* für jegliche Art von funktionstüchtigem Gerät.[28] Doch im Gegensatz zur ästhetischen Ausführung des arbeitssparenden Gimmicks, ist es explizit diese industrielle Version, die am besten widerspiegelt, wie einige bedeutende Denkerïnnen der Ästhetischen Theorie des frühen 20. Jahrhunderts

---

26 Allerdings ist in einem Zeitalter, das Hal Foster das des »totalen Designs« nennt, die Grenze zwischen ästhetischer Kultur und praktischen Innovationen immer durchlässig (Hal Foster, *Design and Crime (and Other Diatribes)*, London 2003, S. 18.)

27 Um nur einige Beispiele zu nennen: John Francis Rider, *Perpetual Trouble Shooters's Manual*, New York NY 1947, S. 86, 88-89, und *Successful Servicing*, New York NY 1951, S. 2, 12, 31. Zahlreiche Referenzen auf den »GIMMICK« finden sich in den Ausgaben des *Beechcraft Engineering Service*, einer Zeitschrift für Flugtechnik. In den *Proceedings of the Annual Convention of the National Association of Building Owners and Managers*, Chicago Il 1940, werden »gimmick« und »Gimmick Manufacturing Company« in einem hypothetischen Geschäftsablauf spielerisch als generische Bezeichnungen für eine Ware und für ein produzierendes Unternehmen verwendet (und außerdem als expliziter Ersatz für »widget« [Vorrichtung/Dingsbums], vgl. ebd. S. 126-128.

28 Es ist jedoch bemerkenswert, dass diese heute überwiegend deskriptiv gebrauchten Begriffe für bewegliche Teile einer Mechanik immer noch eine gewisse Niedlichkeit beinhalten, also eine ästhetische und damit wertende Dimension haben.

Komik betrachten. Für Theodor Lipps beispielsweise ist »das Gefühl der Komik« das, was entsteht, wenn sich herausstellt, dass die Intensität geistiger Vorbereitungen, die ergriffen wurden, um etwas Herausforderndes zu begreifen, viel zu hoch gewesen ist für das, was letztlich erforderlich war.[29] Was als anstrengend erwartet wurde, entpuppt sich plötzlich in einer paradoxerweise erhebenden Entwertung als »leicht und mühelos« (DG, 142). Aber das »Gefühl der Komik«, das durch die Verminderung einer geistigen Anstrengung entsteht, ist für Lipps interessanterweise keines, das »befriedigt«, auch wenn es »Lust erzeugt«. (DG, 141) Stattdessen bleibt es ein komplexes, mehrdeutiges Vergnügen, das seinen Initialmoment der Anstrengung niemals vergisst und so ein Unbehagen bewahrt, das dem ähnelt, was durch das Versprechen der Arbeitsersparnis durch den Gimmick ausgelöst wird. Freud macht diese Verbindung zwischen Komik und Arbeitseinsparung noch expliziter, obwohl in diesem Fall nicht die mentale Anstrengung das Problem ist, sondern das Heilmittel: »Durch Erhöhung unseres Denkaufwandes erzielen wir eine Verringerung unseres Bewegungsaufwandes für die nämliche Leistung, von welchem Kulturerfolg ja unsere Maschinen Zeugnis ablegen.«[30]

In diesen Theorien der Komödie wird das »Geistige« als »verminderter Arbeitsaufwand« betont, der in der Komödie des kapi-

---

[29] Theodor Lipps, »Das Gefühl der Komik«, in: ders., *Komik und Humor. Eine psychologisch-ästhetische Untersuchung*, Hamburg 1898, S. 130-142. [DG]

[30] Sigmund Freud, *Der Witz und seine Beziehung zum Unbewussten, Der Humor*, Frankfurt a. M. 2009, S. 208.

talistischen Verfahrens als Fetischisierung der Idee an sich seinen Höhepunkt findet. »Wenn du ein Typ mit Ideen bist, hörst du nicht auf Ideen zu haben, nur weil der Cashflow kein Problem mehr ist«, denkt die Verkörperung des Kapitals, der Protagonist in Helen DeWitts *Lightning Rods* [Blitzableiter]. (Bald mehr zu diesem Roman.) »Du hast einfach weiterhin neue Ideen, und wenn du eine Idee hast, willst du diese Idee auch umgesetzt sehen.«[31] In gewisser Hinsicht erklärt das, warum Werke der Konzeptkunst so ein beliebtes Stereotyp für gimmickartige Produkte sind: In der kapitalistischen Kultur werden Idee und Gimmick häufig zu Synonymen. Dieses Gleiten lässt sich auch in der Definition im *Oxford English Dictionary* erkennen: »Gimmick, n. Ein Gadget; im Speziellen eine Vorrichtung, um ein Glücksspiel zu manipulieren, oder ein Gegenstand, der in einem Zaubertrick verwendet wird; heute meist: ein kniffliges oder ausgeklügeltes Gerät, Gadget, *Idee* etc., besonders mit dem Ziel, Aufmerksamkeit zu erregen oder Werbung zu machen.«[32] Wenn, wie Zupančič vorschlägt, der Materialismus der Komik nicht im Verwerfen von Abstraktionen liegt, sondern im Anstacheln dazu, scheint sich etwas ähnliches in der Form des Gimmicks abzuspielen. Der Gimmick ist sowohl eine Idee als auch deren dingliche Materialisierung in einem »Gadget«, einem »Produkt«, einer »Vorrichtung«; er ist, präziser formuliert, die Transformation der Idee ins Ding, auf eine Weise, die uns verzaubert, aber auch verstört. Es lohnt sich, beim negativen Element dieser Reaktion aus gemischten Gefühlen zu ver-

---

31 Helen DeWitt, *Lightning Rods*, New York NY 2011, S. 223. [LR]

32 *Oxford English Dictionary*, Lemma »gimmick«, Hervorh. S.N.

weilen. Wird nicht die Verwirklichung angeblich abstrakter Ideen in angeblich konkreten Gegenständen von so ziemlich allen, den Befürworterïnnen als auch den Kritikerïnnen des Kapitalismus, als wünschenswert erachtet? Und stellt der kapitalistische Gimmick nicht nur eine triviale und bloß symptomatische Form und/oder Bewertung dar, unfähig die Produktionsweisen kritisch zu reflektieren, für die er nur als Synekdoche fungiert? Dennoch wird in dieser ästhetischen Erfahrung die nahezu universell gefeierte Verwandlung von Ideen in Dinge zu einem Gegenstand selten geäußerten Bedenkens – als würde der Gimmick unterstreichen, wie kurz in einem System allgemeiner Warenproduktion der Weg von der Verwirklichung zur Verdinglichung ist.

Natürlich gehört zu diesem System, dass die Warenproduktion zunehmend auch die Produktion der spezifischen Arten des Konsums dieser Waren umfasst. Hier ist die Vermarktung der Ware nicht etwas, das deren Produktion nachgeordnet ist und von einer separaten Abteilung von Arbeiterïnnen organisiert wird, um die zentrale Idee aus einer dieser post-fordistischen »Business-Bibeln«, hier in Gestalt eines kumpelig aufgemachten Kochbuchs, zu zitieren.[33] Stattdessen muss das Marketing bereits während des Herstellungsprozesses in das Produkt »eingebacken« werden. Die männlichen Autoren von *Baked In. Creating Products and Business That Market Themselves* versuchen, diese Verschmelzung von Produktion und Rezeption als top-innovatives kapitalistisches Verfahren zu vermarkten (und interessanterweise auch als niedliche Haushalttricks). Tatsächlich ist diese Ver-

---

33 Vgl. Alex Bogusky, John Winsor, *Baked In. Creating products and Businesses That Market Themselves*, New York NY 2010.

schmelzung bereits für den Gimmick als historisches Phänomen von zentraler Bedeutung, das mit dem Auftauchen von Massenwerbung zusammenfällt: Als Reaktion auf die ersten Wellen einer sichtbaren Überakkumulation industriell erzeugter Waren wurden Methoden entwickelt, um durch das Schaffen von noch nie dagewesenen Formen der Nachfrage doch noch den Warenwert ansonsten unverkäuflicher Produkte realisieren zu können. Indem er die Einheit von Produktion und Tausch spiegelt, die für den Kapitalismus einschlägig ist, – angefangen bei den Arbeiter:innen, die ihre Arbeitskraft an die Kapitalist:innen verkaufen, beeinflussen sich diese Aktivitäten an jedem Punkt gegenseitig, sind diese Aktivitäten an jedem Punkt miteinander vermittelt –, scheinen im Gimmick Produktion und Verkauf immer gleichzeitig zu passieren.

In *Die Ruhmesmaschine* des symbolistischen Schriftstellers Villiers de l'Isle-Adam erhalten wir eine detaillierte Demonstration der Funktionsweise des Gimmicks in seiner »klassischen« Form.[34] Die Gerätschaft im Herzen dieser Geschichte aus dem späten 19. Jahrhundert, die im großsprecherischen Tonfall eines Markts erzählt wird, der immer noch schwer von Theater zu trennen ist, ist eine »Maschine«, mit der sich französische Theaterautoren gegen ihren Ruin versichern können. Mit ihr wird garantiert, dass deren ästhetische Produkte mit einer eindeutig positiven Reaktion bedacht werden. In »der Zukunft [...] ist auch dieser Fall vorgesehen.«[35] (RM, 119) Die Pointe von Villiers Bloß-

---

[34] Vgl. Villiers de l'Isle-Adam, »Die Ruhmesmaschine«, in: ders. *Grausame Geschichten*, übers. v. Hanns Heinz Ewers, München 1920, S. 99-120. [RM]

[35] Zur vorindustriellen Verflechtung von Markt und Theater vgl. Jean-

legung der Gimmick-Form, sozusagen der Metagimmick der Geschichte, liegt darin, dass der »erhabene Mechanismus« zur Produktion von Ruhm in nichts anderem als dem Theatergebäude selbst besteht. Der Output der »Ruhmesmaschine« ist also paradoxerweise eine ruhmreiche Entwertung, vergleichbar mit dem Mechanismus in Lipps und Freuds Theorien des Komischen. Denn wir entdecken schnell, dass die Maschine kein wissenschaftlich fortgeschrittenes Wunder ist, das schwierig zu verstehen ist, sondern ein ganz gewöhnlicher Zuschauerraum, der mit hunderten mechanischen Vorrichtungen ausgestattet wurde, die von einem versteckten Obermaschinisten über »Tasten« eines »großen Klaviers« gesteuert werden, um den Anschein kollektiven ästhetischen Vergnügens zu erzeugen. Mehr noch als die Theaterproduktion, für die sie zugleich als Reaktion und als ästhetisch konsumierbares Werk selbst produziert wird, ist die künstliche Rezeption ein aufwändig orchestriertes *Gesamtkunstwerk*. Zusätzlich zu Lach- und Tränengasen, die im richtigen Augenblick aus Rohren austreten, automatisierten Gehstockenden, die Fußgetrampel erzeugen, und unter den Sitzen installierten »schön aus Eichenholz geschnitzte[n] Hände[n]« (zu denen der Erzähler schelmisch bemerkt »Es ist überflüssig ihre Funktionen zu erklären«), besitzt seine Maschine »kaum sichtbare«, in den Mündern der Amoretten und Putten an den Balkons verstecke »Öffnungen«, die »zur Mündung von Phonographenleitungen benutzt werden«. In passenden Momenten »werden die Phonographen durch Elektrizität in Bewegung gesetzt«, um

---

Christophe Agnew, *Worlds Apart. The Market and the Theater in Anglo-American Thought 1550 - 1750*, Cambridge 1988.

vorab aufgezeichnete Geräusche ästhetischer Reaktionen abzuspielen – »Bravo und Oua-Ouaou-Rufen, Lachen und Seufzen, [...] donnernder Applaus, Schreien, Rufen«. ›Da Capo!‹, das Zurückholen auf die Bühne, stille Tränen, das Zurückholen auf die Bühne mit extra Getöse, Seufzer der Anerkennung, kredenzte Lobreden, Kränze, Prinzipien, Überzeugungen, moralische Anspielungen, epileptische Anfälle, plötzliche Geburten, Schläge, Suizide. Und das in einer Breite, die selbst die Möglichkeiten einer »tüchtigen Claque« übersteigt, jener bezahlten menschlichen Applaudierenden, die das darstellen, was die Maschine technisch überbietet. Das sehr viel größere Repertoire der Ruhmesmaschine erstreckt sich sogar über »Ideen« und Diskussionsfetzen (Kunst um der Kunst willen, Form und Idee) hinaus bis hin zu kompletten »Kritiken«, die bereits fertiggestellt werden, bevor das Stück aufgeführt wird (RM, 116).[36]

Der scheinbar exotisch-futuristische Apparat zur Sicherstellung der idealen Rezeption eines ästhetischen Produktes entpuppt sich als nichts anderes als der gewöhnliche gegenwärtige Apparat zur Herstellung dieses Produktes. Als finale Pointe schlägt am Ende die von der Maschine produzierte eindeutig positive ästhetische Rezeption beim Publikum in der Geschichte in *nicht gestelltes* Vergnügen um. »Und damit ist das Problem gelöst, das intellektuelle Ziel wird durch ein physisches Mittel er-

---

36 Villiers Rückbezug zu derselben Gerätschaft in *Die Eva der Zukunft* (*L'Ève future*) vorwegnehmend, verfügt die Maschine außerdem über »nicht weniger als zwanzig Andreiden«, die sich unter die das Publikum mischen, um die ästhetische Rezeption »unfehlbar tonangebend« zu beeinflussen, welche während der Aufführung produziert und genossen wird. (RM, 115)

reicht, […] der Ruhm schreitet durch das Haus! Die illusorische Seite des Apparates […] verschwindet, sie ist zur Wirklichkeit geworden.« (RM, 114) In diesem Augenblick des metaphysischen Triumphes, dem Heraustreten des »einzig Wahren« aus seiner Simulation, das nach Robert Pfaller das Wesen der Komödie definiert, vollendet die Geschichte ihren komödiantischen Auftritt der *gattungsmäßigen* Selbst-Entwertung: wenn die spekulative Allegorie oder philosophische Parabel, die wir möglicherweise zu lesen glaubten, – die mit einer Reihe pseudo-hegelianischer Reflektionen über den »gemeinsamen Punkt« zwischen Substanz und Idee oder Materie und Denken beginnt, – sich in eine Satire auf die Kleingeistigkeit der zeitgenössischen französischen Dramatiker und die Mittelmäßigkeit ihrer Stücke verwandelt.[37] In Übereinstimmung mit der Enttäuschung, die für den überperformenden/minderleistenden, zu arbeitsintensiven/zu einfachen Gimmick spezifisch ist, findet diese Entwertung kluger-

37 In einer interessanten Parallele zu Zupančič' These zur zentralen Bedeutung der plastisch gewordenen Abstraktion für die Komödie argumentiert Pfaller, die Komödie sei das Heraustreten einer »zwingenden Wahrheit« aus »etwas offensichtlich Fiktivem«. Sie basiert auf einer Täuschung, die niemanden täuscht, während gleichzeitig die Darstellerinnen ihrem Zauber verfallen (Robert Pfaller, »Introduction«, in: ders. (Hg.), *Schluss mit der Komödie! Stop That Comedy! On the Subtle Hegemony of the Tragic in Our Culture*, Wien 2005, S. 170-171.) Ganz ähnlich stellt Mladen Dolar »das Finden des Realen gerade im Geschäft mit den Erscheinungen« als die gattungsbestimmende Eigenschaft der Komödie heraus. (»Comedy and its Double«, ebd., S. 182). Das Heraustreten des »Einzig wahren« aus seiner Simulation in *Die Ruhmesmaschine* kehrt in der *Eva der Zukunft* wieder, als Lord Ewald sich tatsächlich in Edisons »erstaunliche Idealmaschine« (der weibliche Androide Hadaly) verliebt. (Villiers de l'Isle-Adam, *Die Eva der Zukunft*, München 1920, S. 288).

weise im Zusammenhang mit der Demonstration der Funktionsweise der titelgebenden Maschine durch die Erzählung statt.

Und doch bleibt eine Enttäuschung, gerade weil die Euphorie vorausgegangen ist. Der Gimmick lässt uns im Stich – korrigiert selbst unsere Überschätzung seiner Fähigkeiten –, aber nur, weil er es geschafft hat, uns vorher in Stimmung zu bringen. Wir drücken Verachtung gegenüber seinem Charakter als arbeitssparendem Trick aus, weil unsere Aufmerksamkeit anfangs genau durch sein Versprechen erregt wurde, Arbeit einzusparen; wir beschreiben ihn nur als billig oder ästhetisch verarmt, weil etwas an ihm so wahrhaft wertvoll glänzte. Auch wenn der Gimmick grundsätzlich ein ästhetischer Ausfall ist, hat unsere Irritation sehr viel damit zu tun, dass er teilweise auch erfolgreich ist. Es ist zu fragen, ob Gimmicks nicht abstoßend auf uns wirken, insoweit wir sie anziehend finden, als handle es sich um eine Neubewertung des anfänglichen Urteils (und zwar genau umgekehrt wie bei den zwei affektiven Phasen des Erhabenen: unsere negative Reaktion hebt die positive auf). Auf beinahe homöopathische bzw. selbstkorrigierende Weise entwertet der Gimmick als Gerät kapitalistischer Produktion wie als unverwechselbar kapitalistische ästhetische Form und Bewertung die Ansprüche auf Wert oder Hype, die er anfangs erregt.

Das führt uns zu der Frage: Ist es die Produktion an sich, die uns in unserer ästhetischen Erfahrung des Gimmicks irritiert, oder liegt es an der besonderen Art und Weise, wie der Gimmick auf sie verweist? Warum ist die operationale oder prozedurale Ästhetik des Gimmicks nicht einfach eine Quelle schlichten Vergnügens wie in den Streichen und Ratgeberbüchern, die Harris in *Humbug* beschreibt, wie in den von Lisa Trahair und Tom Gunning analysierten Filmen, in denen Aufgaben gelöst oder die Funktion von Maschinen gezeigt werden, oder wie in der *How Is It Made?*-Show des Discovery Science Channels heute? Da es in allen Fällen darum geht, Produktionsmethoden offenzulegen und das Publikum dazu einzuladen, sich daran zu erfreuen, stellt sich die Frage, warum wir in dieser Hinsicht fasziniert sind, aber nicht so sehr vom Erleben des Gimmicks. Auch wenn das literarische Archiv, auf dem seine Argumentation aufbaut, am entgegengesetzten Ende des kulturellen Spektrums populärer Unterhaltungsformate liegt, könnte man sich eine ähnliche Frage zu Viktor Šklovskijs Konzepten der »Kunst als Verfahren« und der »Bloßlegung des Verfahrens« stellen, in denen die Aufklärung der Verfahren, durch die ein ästhetischer Effekt erreicht wird, zur heilsamen Wirkung der Kunst als *ostranenie* bzw. Verfremdung beiträgt, eine formalistische Idee, die später in Bertolt Brechts Epischem Theater und dem *Verfremdungseffekt* der Hochmoderne politisiert wurde.[38]

---

38 Viktor Šklovskij, »Die Kunst als Verfahren«; »Der Zusammenhang zwischen den Verfahren der Sujetfügung und den allgemeinen Stilverfahren«; »Der parodistische Roman. Sternes ›Tristram Shandy‹«, in: Jurij Striedter (Hg.), *Russischer Formalismus*, übers. v. Rolf Fieguth, München 1988, S. 3-35; 37-121; 246-299. [RF] Es ist manchmal auf interessante Weise schwierig, bei Šklovskij das »Verfahren« von der »Bloßlegung des Verfahrens« zu unterscheiden, denn das Verfahren scheint diese Offenlegung schon an sich selbst zu vollführen. Diese Reflexivität lässt die seltsame Verwandtschaft zwischen Šklovskijs Verfahren und dem kapitalistischen Gimmick noch deutlicher hervortreten, der eine ähnliche Vermischung von dem, war er ist/tut, und der Sichtbarmachung dessen, was er ist/tut, vollführt. Ich bin Louis Cabri dankbar, mich auf diesen Vergleich aufmerksam gemacht zu haben. Zum Verhältnis von Šklovskijs *ostranenie* und

Bei Brecht und Šklovskij, deren bevorzugtes Beispiel Lawrence Sterne ist, *vermehrt* das Sichtbarmachen des Produktionsverfahrens das Vergnügen, *vermehrt* den ästhetischen Wert, wohingegen es beim Gimmick sowohl unseren Genuss als auch unsere Wertschätzung unmittelbar vermindert. Wie erklärt sich dieser Unterschied in unserem Verhältnis zu demselben Manöver, mit dem wir unsere Aufmerksamkeit mittels des ästhetischen Apparates auf den Prozess des Machens richten? Es kann sich dabei eigentlich nur darum handeln, dass der kapitalistische Gimmick Arbeitsverminderung zu versprechen scheint, während das Šklovskijs literarischer Apparat nicht tut – Versprechungen, denen wir interessanterweise von Anfang an misstrauen.[39]

Brechts *Verfremdung* siehe: Stanley Mitchell, »From Shklovsky to Brecht: Some Preliminary Remarks towards a History of the Politicization of Russian Formalism«, in: *Screen* 15, no. 2 (1974), S. 74-81.

39 Der zentrale Unterschied besteht darin, dass Šklovskijs »Kunst als Verfahren« und »Bloßlegung des Verfahrens« (in seinen Schriften ungefähr synonym mit *ostranenie* gebraucht) dazu gedacht sind, die ästhetische Wahrnehmung zu *verlangsamen*. Das Ziel ist es, ästhetische Wahrnehmung weniger unmittelbar zu machen, sie zu narrativieren oder in eine »Gestuftheit« zu verwandeln (RF, 55), um der »Automatisierung« oder »algebraischen Methode des Denkens« entgegenzusteuern, in der »die Dinge nach Zahl und Raum [...] an ihren ersten Merkmalen« (RF, 13) erkannt werden. Daher ist das zentrale Beispiel für ein »Verfahren« in Šklovskijs Essays etwas, was er das »Verfahren der Verlangsamung« nennt (RF, 99). Der arbeitssparende Gimmick beinhaltet dagegen fast immer einen Beschleunigungsmechanismus, selbst wenn er Teil der Verfahrensästhetik ist und die Aufmerksamkeit auf den Prozess lenkt, durch den er den Effekt erzielt, und natürlich ganz besonders dann, wenn der Gimmick die Gestalt der Black Box annimmt. Man könnte sagen, dass Šklovskijs »Verfahren« ein Weg ist, die Verausgabung von Energie zu steigern, während der komische Gimmick ein (widersprüchlicher) Weg ist, sie

Die Mehrdeutigkeiten, die Arbeitskraft und Wert im Kapitalismus umgeben, betreffen auch die Zeit. Im Folgenden werden wir einen genaueren Blick auf diesen Aspekt des Gimmicks werfen, was uns auf direktem Weg zurück zur Frage des Komischen bringen wird.

2. TIMING

Schauen wir uns die Darstellung komischer Apparaturen in E. L. Doctorows *Ragtime* (1975) an: Miniaturversionen der spektakulären Produkte, die in jener Feuerwerksfabrik hergestellt werden, die das symbolische Zentrum dieser Satire auf den kapitalistischen Alltag in den Vereinigten Staaten im frühen 20. Jahrhundert bildet:

> Es gab explodierende Zigarren, Gummirosen für das Revers, aus denen Wasser spritzte; Niespulverdosen, Teleskope, die ein schwarzes Auge hinterließen; explodierende Kartenspiele; Furzkissen, die man unter Stuhlpolstern verbarg; gläserne Papierbeschwerer mit Winterlandschaften, auf die Schnee rieselte, wenn man sie schüttelte; explodierende Streichhölzer, Tischkugelspiele; winzige Freiheitsglocken und Freiheitsstatuen aus Blei, Zauberringe, explodierende Füllfederhalter; Bücher, die einem Träume deuteten, ägyptische Bauchtänzerinnen aus Gummi, explodierende Uhren, explodierende Eier.[40]

---

zu reduzieren.

40 E. L. Doctorow, *Ragtime*, übers. v. Angela Praesent, Köln 2011, S. 144.

Diese Aufzählung wirkt seltsam statisch, obwohl jeder der genannten Gimmicks – viele sind Nachbildungen von Luxusobjekten, die sich zur Freude der weniger Betuchten selbst zerstören – eine Art von Aktion beinhaltet.[41] Jede Apparatur wird in einer bzw. als kleine Text-Detonation präsentiert, aber es entwickelt sich keine richtige Dynamik, weil jeder der aufeinanderfolgenden Spritzer, Nieser und Blitze vom anderen durch Kommas getrennt ist. So wird die Möglichkeit, dass sich Explosionen gegenseitig verstärken oder sich zu etwas Größerem zusammenbrauen, blockiert, was ihre Unverbundenheit unterstreicht, obwohl sie im selben diskursiven Raum zusammengepackt sind.

Einem kleinen Feuerwerk gleich, dass nur einmal gezündet wird, erscheint der Gimmick in seiner spezifisch komödienhaften Form hier ganz wie das, was Frederic Jameson eine »Singularität« nennt: »reine Gegenwart, ohne Vergangenheit oder Zukunft.«[42] Genau so beschreibt Gunning auch den Film-Gag: als eine »im Grunde diskontinuierliche« komische Handlung. Bloß einen Gag an den anderen zu reihen, ergibt noch keine Erzählung, argumentiert Gunning, wegen der reibungsfreien Oberflächlichkeit, die die Handlungsform in sich selbst verschließt: »Jeder Gag endet so, dass die Gag-Maschine jedes Mal neu angeworfen werden muss, um den nächsten Gag zu produzieren. Längere Gag-Filme sind deswegen nicht wie ein Fluss, sondern als Serie von Explosionen, von Krachern konstruiert. Nach einem Kracher bleibt wenig zu tun.« (CM, 96) Der Kracher ist der ultimative Gag,

41 Mein Dank für diese Beobachtung gilt Joshua Clover.

42 Frederic Jameson, »The Aesthetics of Singularity«, in: *New Left Review* 92 (März-April 2015), S. 113. [AS]

ein Ereignis, das nur genau einmal geschehen kann. Er versinnbildlicht den Status des Gimmicks als Apparat zur Herstellung eines schnellen, sofort verpuffenden ästhetischen Gewinns, der nicht dazu taugt, neue Vorhaben zu initiieren oder eine Tradition aufrechtzuerhalten (vgl. CM, 96). Es ist genau diese Unwiederholbarkeit, könnte man sagen, die in *Ragtime* durch die Aneinanderreihung explodierender Apparate dargestellt wird.

Der Gimmick konfrontiert uns gewissermaßen mit einer Form der schlechten Zeitgenossenschaft, die Konzepten wie der »ausgedehnten Gegenwart«, »endlosen Gegenwart« oder »permanenten Gegenwart« ähnelt, die erstaunlich unterschiedliche Theoretiker:innen verwenden, um die eigentümliche Anmutung und Verfasstheit unserer aktuellen Situation zu beschreiben.[43] Jameson allerdings formuliert ein Argument über die Reduktion der Zeit auf die Gegenwart, das eine besondere Relevanz für eine Theorie des Gimmick als kapitalistische, insbesondere spätkapitalistische ästhetische Form andeutet. In »The Aesthetics of Singularity«, seiner Neubewertung von Postmodernismus und

---

43 Auf unterschiedliche Weise und aus unterschiedlichen Gründen. Als Beispiele seien genannt: Jane Elliott, »The Problem of Static Time: Totalization, the End of History, and the End of the 1960s«, in: *Popular Feminist Fiction as American Allegory*, New York NY 2008, S. 21-46.; Gopal Balakrishnan, »The Stationary State«, in: *New Left Review* 59 (September-Oktober 2009), S. 5-26; Jasper Bernes, »Logistics, Counterlogistics, and the Communist Prospect«, in: *Endnotes* 3 (September 2013); Hans Ulrich Gumbrecht, *Unsere breite Gegenwart*, Berlin 2011; Paul Virilio, *Der Futurismus des Augenblicks*, Wien 2010; Harry Harootunian, »Remembering the Historical Present«, in: *Critical Inquiry* 33 (Frühjahr 2007), S. 471-494; Lauren Berlant, *Cruel Optimism*, Durham NC 2011; Moishe Postone, *Zeit, Arbeit und gesellschaftliche Herrschaft*, Freiburg 2003. [ZH]

Postmoderne als »unersetzlichen« Konzepten zur Periodisierung, wendet sich Jameson abermals Actionfilmen als Beispiel zu und bemerkt, »dass sie heutzutage nur aus einer Reihe von explosiven Gegenwartsmomenten bestehen, während die angebliche Handlung eher wie Füllstoff oder eine Ausrede wirkt; die Schnüre, auf der die Perlen aufgereiht werden, die der eigentliche Gegenstand unseres Interesses sind: Der Trailer oder die Vorschau reichen dann meist schon, denn sie präsentieren uns die Höhepunkte von Filmen, die tatsächlich aus nichts als Höhepunkten bestehen« (AS, 105).[44] Jameson argumentiert, dass die zeitliche Form dieses »Singularität-Ereignisses« jede halbautonome »Ebene« des Spätkapitalismus (Wirtschaft, Technik, Politik usw.) bestimmt, und verweist auf zwei Produkte der Hochkultur als Beispiel für die charakteristische »Reduktion auf die Gegenwart oder Reduktion auf den Körper«: In Tom McCarthys *8 Millionen* bezahlt ein Mann, der aufgrund einer Kopfverletzung sein Gedächtnis verloren hat, Leute dafür, isolierte Erinnerungsfragmente nachzustellen, um sie in der Gegenwart immer wieder aufs Neue erfahren zu können; und die Installationen von Xu Bing, dessen Werk *Book from the Sky* auf etwas basiert, das aussieht wie Schrift, aber keine ist. Für Jameson sind solche postmodernen, »in Theorie getränkten« Werke von einem älteren modernistischen Konzeptualismus zu unterscheiden, in dem Ideen »allgemeine Formen« sind, die dazu verwendet werden, »einen Widerspruch durchzuexerzieren« oder »mentale Kategorien« so zu überdehnen, dass dadurch das Denken angeregt

---

44 Jameson bezieht sich hier auf ein Argument aus »The End of Temporality«, in: *Critical Inquiry* 29 (Sommer 2003), S. 695-718.

oder befördert wird (AS, 114 u. 113). Im Gegensatz dazu ist das Konzept hinter gimmickartigen neo-konzeptualistischen Werken keine allgemeine Form mehr, sondern eine nominalistische und als solche nicht mehr produktiv. Stattdessen nehmen sie die Form einer einmaligen oder bloßen »technischen Entdeckung« an: »der einzigartige Gedankenblitz«, der zu den »seltsamen Apparaturen der einsamen Spinner und Besessenen führt« (AS, 112).

Diese These von der postmodernen Verwandlung der Idee in der Kunst von einem universellen Konzept zu einer historisch abgekapselten Konstruktion veranlasst Jameson zu folgender Feststellung:

> Beide Werke sind einmalig stattfindende, unwiederholbare formale Ereignisse (in ihrer reinen Eigenzeit sozusagen). Sie schließen keine Erfindung einer Form ein, die dann immer wieder verwendet werden kann, wie beispielsweise der Roman des Naturalismus. Noch gibt es eine Garantie dafür, dass ihre Macher jemals wieder etwas ähnlich gutes oder den Aufwand lohnendes erschaffen werden. (Damit sollen die beiden berühmten Künstler keinesfalls beleidigt werden.) Der Punkt ist, dass diese beiden Arbeiten weder in einem persönlichen Stil gehalten noch Bausteine eines Gesamtwerkes sind. Das Wörterbuch erklärt, dass das Wort ›Gimmick‹ eine ›kleine Apparatur bezeichnet, die Zauberer heimlich bei ihren Tricks einsetzen‹: Das ist auch noch keine wirklich gute Beschreibung, *auch wenn uns gerade das Einmalige der Erfindung eines Apparates* besonders ins Auge fällt. Allerdings ist es *eine einmalige Apparatur, die weggeworfen wer-*

> *den muss*, sobald der Trick – eine Singularität –, geklappt hat. (AS, 113; Hervorh. S. N.)

Gleichzeitig *werden* Gimmicks immer wieder (und wieder) verwendet. In diesem Verständnis sind sie weniger »einmalige unwiederholbare formale Ereignisse«, sondern ein Ausrüstungsgegenstand, dessen Wesen darin besteht, vielfache Verwendungen auszuhalten. Tatsächlich ist es oft die ständige Wiederverwendung einer an sich neutralen Apparatur zur Erzeugung eines spezifischen ästhetischen Effekts, durch die sie sich in einen irritierend ausgepowerten Gimmick verwandelt. Eine solche Wiederverwendung schwächt unvermeidlich die Auswirkungen des ästhetischen Effektes auf eine Weise, die erklären könnte, wie dieser Effekt in unserer Erfahrung des Gimmicks häufig auf den ihn produzierenden Apparat selbst zurückzufallen scheint. Wie der Schachbrett-Folienübergang und andere Spezialeffekte in PowerPoint, beschreibt der Terminus *Gimmick* sowohl den Effekt als auch das Verfahren, das ihn erzeugt, indem zwei scheinbar getrennte Aspekte auf dieselbe Art miteinander verbunden werden, wie auch Idee und Gegenstand verschmolzen werden. Die Leichtigkeit, mit der sich jede Technik in einen Gimmick verwandeln kann, ist dem Gimmick daher wesentlich. Seine historische, aber auch grundlegendere zeitliche Instabilität ist unerlässlich für das, was der Gimmick ist; nichts anderes als der Zaubertrick, den wir aus Überdruss mit seinem Einsatz verwerfen.

Das ist einer der Gründe, warum der zu oft erzählte Witz ein weiteres besonders treffendes Musterbeispiel für den Gimmick abgibt, wie zum Beispiel jener, der in Mark Twains Zeitreisen-

Satire *Ein Yankee aus Connecticut an König Artus' Hof* zwanghaft wiederholt wird. Hank Morgans Klage über die Unwitzigkeit des Hofnarren der Tafelrunde, Sir Dinadan, der Spaßvogel (»Ich glaube, in meinem ganzen Leben habe ich noch nicht so viele alte, abgestandene Witze nacheinander gehört«), perpetuiert nicht nur unfreiwillig die Unwitzigkeit des Humoristen (um die Abgegriffenheit seines Repertoires zu demonstrieren, muss Hank es ständig wiederholen), sondern endet genauso weitschweifig wie der trefflich charakterisierte Dinadan. Hank erzählt einen Witz des Komikers, der es irgendwie sogar bis in Hanks Zeitalter geschafft hat, wo er allerdings so oft erzählt wurde, dass er schal geworden ist. Wenn Dinadans Witz also zugleich zu zeitgemäß und nicht zeitgemäß genug ist, dann ist es interessant festzuhalten, dass *Ein Yankee aus Connecticut* nach der Veröffentlichung ähnliche Kritiken entgegenschlugen. Denn der Roman hat, wie kaum ein anderer, einen derart offenkundigen Plot – der Vergleich zweier historischer Epochen und Produktionsweisen –, dass ihn viele Leserïnnen so nervtötend fanden wie Hank den Witz des Humoristen.

Dieser komischerweise nicht tot zu kriegende Witz handelt von einem »humoristischen Vortragskünstler«, dessen Witze misslingen, nicht weil sie nicht witzig sind, sondern weil die Provinzlerïnnen im Publikum schlicht nicht auf der Höhe der Zeit sind. Sie sind unfähig, das moderne Genre der komödiantischen Performance zu verstehen, – Twains Spezialität, der humoristische Vortrag –, auf den das Lachen, das sie zu unterdrücken versuchen, eigentlich die angemessene und intendierte Reaktion wäre, da sie glauben, sie hörten einer Predigt zu:

Während Sir Dinadan darauf wartete, daß er an die Reihe käme, in die Schranken zu reiten, trat er zu mir herein, setzte sich und fing an zu schwatzen, denn er war dauernd hinter mir her, weil ich ein Fremder war und er gern einen neuen Markt für seine Witze haben wollte, da die meisten von ihnen schon jenes Stadium der Abnutzung erreicht hatten, wo der Erzähler selbst das Lachen besorgen muß, während der Zuhörer aussieht, als sei ihm übel. Ich war auf seine Bemühungen immer, so gut ich konnte, eingegangen und empfand ihm gegenüber auch eine tiefe und ehrliche Zuneigung, denn wenn er durch die Bosheit des Schicksals vielleicht auch eben die Anekdote kannte, die ich am häufigsten gehört und mein ganzes Leben lang am bittersten gehaßt und verabscheut hatte, so hatte er mich doch zumindest damit verschont. Es war eine Geschichte, die man jedem einzelnen humorvollen Menschen, der jemals amerikanischen Boden betrat, zugeschrieben hatte – von Kolumbus bis Artemus Ward. Sie handelte von einem humoristischen Vortragskünstler, der ein unwissendes Publikum eine Stunde lang mit den glänzendsten Witzen überschüttet und nicht ein einziges Mal Gelächter geerntet hatte; als er fortging, schüttelten ihm einige fröhliche Einfaltspinsel dankbar die Hand und sagten, es sei das Komischste gewesen, was sie je gehört hätten, und sie hätten zu tun gehabt, »nicht mitten in der Versammlung laut herauszulachen«. Den Tag, an dem es der Mühe wert gewesen wäre, diese Anekdote zu erzählen, hat es nie gegeben, und doch hätte ich sie Hunderte, Tausende, Millionen Male über mich ergehen lassen müssen und dabei ununterbrochen geweint und geflucht. Wer kann also auch nur hoffen, meine Gefühle zu ermessen, als jetzt dieser ge-

> panzerte Esel *wieder damit anfing* – im undeutlichen Zwielicht der Überlieferung, noch vor der Morgendämmerung der Geschichte, als man selbst Lactantius als »den jüngst verstorbenen Lactantius« bezeichnen konnte und die Kreuzzüge erst in fünfhundert Jahren das Licht der Welt erblicken sollten![45]

Der Gimmick ist nichts anderes als dieses »Hunderte, Tausende, Millionen Male« verwendete Gerät. Aber Jameson hat sicherlich nicht Unrecht, wenn er den Präsentismus des Gimmicks betont, über den sich der Humorist auch lustig macht. Der schlechte Witz darüber, dass gutes Witzeerzählen scheitert, wenn es nicht zeitgemäß ist, wiederholt sich endlos *in jeder Gegenwart*; was ihn zu einem Gimmick macht, ist nicht nur die Wiederholung, sondern *auch* seine ewige Präsensform, – Aspekte, die zunehmend weniger wie Gegensätze wirken als vielmehr wie Variationen ein- und derselben Sache.

Damit kennen wir die letzte der zeitbezogenen Mehrdeutigkeiten, die für den Gimmick als Form spezifisch sind. Gleichzeitig dynamisch (wie eine Handlung) und unbeweglich (wie ein Ding), gleichzeitig eine Ursache und deren Wirkung, ist der Gimmick *sowohl* ein einzigartiges Ereignis *als auch* der sprichwörtliche alte Hut. Wie Jameson zurecht argumentiert, handelt es sich um eine Neuheit, die jenseits ihres sofort verschwindenden Augenblicks keinerlei Konsequenzen hat. Der Gimmick ist außerdem, wie Twain nahelegt, der Mechanismus, der sich weigert zu ster-

---

45 Mark Twain, *Ein Yankee aus Connecticut an König Artus' Hof*, übers. v. Lore Krüger, München 1982, S. 68f., Hervorh. S. N. [YC]

ben.[46] Als paradoxe Einheit auseinanderfallender Zeitlichkeiten, – Unmittelbarkeit und Dauer, Unterbrechung und Kontinuität, Singularität und Wiederholung –, verkörpert der Gimmick einen der bedeutendsten zeitbezogenen Widersprüche des Kapitalismus überhaupt: Nämlich die Art und Weise, in der seine Organisation der Produktion die »fortdauernde[] *Transformation* des gesellschaftlichen Lebens« ermöglicht, »Transformationen des Charakters, der Struktur und der Interaktion zwischen den Klassen und anderen Gruppierungen aber auch des Charakters der Produktion, des Verkehrswesens, der Zirkulation, der Lebensweisen, Familienformen usw.«, und andererseits aber »die Entfaltung des Kapitals die fortdauernde *Rekonstitution* seiner eigenen Grundbedingung als einem *unveränderlichen* Merkmal des gesellschaftlichen Lebens« einschließt, »nämlich, daß die gesellschaftliche Vermittlung letztlich durch Arbeit bewirkt wird.« (ZH, 451, Hervorh. S. N.)

Für Moishe Postone wird dieser Widerspruch im Erscheinen zweier eindeutig kapitalistischer Formen der Zeit reflektiert: Die erste, die Postone als historische Zeit bezeichnet, betrifft »Veränderungen in der konkreten Zeit, die durch die gesteigerte Produktivität hervorgerufen werden«. Die zweite ist die abstrakte Zeit, die an der auf Arbeit beruhenden Mehrwert-Produktion beteiligt ist (Marx' gesellschaftlich notwendige Arbeitszeit).[47] So entsteht ein

---

46 Daher provoziert der Gimmick Ungeduld sowohl durch seine Übervertrautheit (so beklagt sich Brown: »Seit Kurzem ist es unmöglich geworden, etwas über einen Film oder ein Stück zu lesen, in dem nicht der Begriff Gimmick auftaucht.«) als auch durch seine übersteigerte Behauptung, er sei etwas ganz Neues (selbst das Wort sei ein trendiges »Mode-Wort«, bemerkt Brown) (WT, 58).

47 Das zentrale oder besonders knifflige Argument, das es hier zu ver-

»zunehmend spürbares« Missverhältnis zwischen der Schaffung materiellen Reichtums, die durch die Akkumulation vergangenen Wissens oder historischer Zeit ermöglicht wird (zunehmend der Fall für Produktion im Zeit*verlauf*), und der Schaffung von Mehrwert durch die Verausgabung abstrakter Zeit, welche nur in der Gegenwartsform stattfindet. Das ist immer der Fall, auch wenn die Dynamik des Kapitalismus durch die »konstante *Übersetzung* historischer Zeit *in* Gegebenheiten der Gegenwart charakterisiert« ist, »*wodurch diese Gegenwart verstärkt wird*«. (ZH, 452, Hervorh. S. N.) Postones Sprache ist technisch, doch sein Argument bezieht sich direkt auf die zeitlichen Widersprüche des Gimmicks – und lohnt deswegen die Mühe, es genauer zu betrachten:

> Durch Produktivitätszuwachs bewirkte Veränderungen in der konkreten Zeit werden durch die gesellschaftliche Totalität in der Weise vermittelt, daß sie in neue Normen abstrakter Zeit (gesellschaftlich notwendiger Arbeitszeit) verwandelt werden, welche ihrerseits die gesellschaftlich konstante Arbeitsstunde neu bestimmen. Es sei darauf verwiesen, daß in dem Maße wie die Produktivitätsentwicklung die gesellschaftliche Arbeitsstunde neu bestimmt, diese Entwicklung die mit der abstrakten Zeiteinheit verbundene Form von Notwendigkeit nicht ersetzt, sondern rekonsti-

---

stehen gilt, ist, dass die kapitalistische Gesellschaft nicht nur eine bestimmte Form der abstrakten Zeit erzeugt, sondern auch eine bestimmte Form konkreter Zeit: »[...] die Dialektik der kapitalistischen Entwicklung [ist] [...] eine Dialektik zweier, in der kapitalistischen Gesellschaft konstituierter Zeitformen [...] und [kann] deshalb im Sinne der Ablösung aller Formen konkreter Zeit durch abstrakte Zeit nicht adäquat verstanden werden [...].« (ZH, 329) tuiert. Jedes neue Produktivitätsniveau wird strukturell in die konkrete Voraussetzung der gesellschaftlichen Arbeitsstunde verwandelt – wobei die pro Zeiteinheit produzierte Wertmenge konstant bleibt. *In diesem Sinne wird die Bewegung der Zeit kontinuierlich in Gegenwartszeit umgewandelt.* In der Marxschen Analyse ist die Grundstruktur der gesellschaftlichen Formen des Kapitalismus also derart beschaffen, daß die Akkumulation historischer Zeit an und für sich die *durch den Wert repräsentierte Notwendigkeit, das heißt die der Gegenwart*, nicht untergräbt; vielmehr verwandelt sie die konkrete Voraussetzung dieser Gegenwart und konstituiert dadurch deren Notwendigkeit neu. Gegenwärtige Notwendigkeit wird nicht ›automatisch‹ negiert, sondern paradoxerweise verstärkt. Sie wird zeitlich vorangetrieben als fortwährende Gegenwart, als scheinbar ewige Notwendigkeit.« (ZH, 450f; Hervorh. S. N.)

Eine ewige Gegenwart (Jamesons Singularität) und eine unbarmherzig voranschreitende historische Kontinuität (Twains Witz). Postone nennt die Interaktion zwischen diesen beiden von der kapitalistischen Arbeitskraft erzeugten Zeitformen den »Tretmühleneffekt« des Kapitalismus, und wir erkennen ihn in der eigentümlich »entfremdete[n] Interaktion von Vergangenheit und Gegenwart« (ZH, 436, 453).

Twains Satire über den Oberaufseher der Colt-Waffenfabrik, der versucht, die Produktionsweise seines Jahrhunderts einem mythischen, vorkapitalistischen England aufzudrücken, wurde verfasst, als Twain nach Jahren des finanziellen Ausblutens durch die unglückliche Investition in eine allzu neumodische Erfindung endgültig bankrottging. Bei der berüchtigten Paige-Apparatur, mit der Twains Roman eine »seltsame Identifikation« verbinden würde, handelt es sich um eine kapitalistische Maschine, die in ihrem Streben nach gesellschaftlicher Akzeptanz den richtigen Zeitpunkt verpasste und von der Linotype-Setzmaschine verdrängt wurde, bevor ihre technischen Probleme gelöst werden konnten.[48]

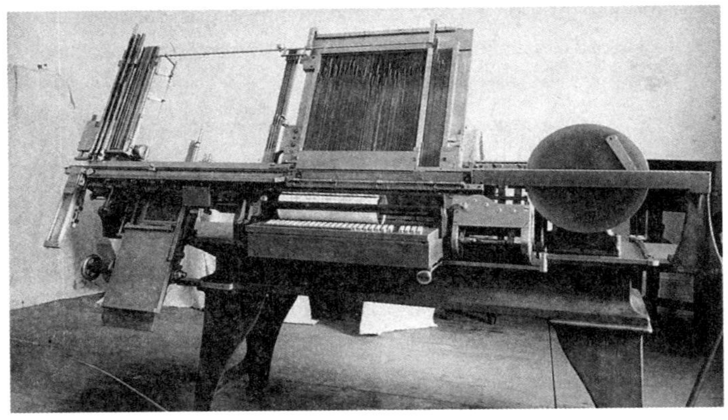

»The Paige Typesetter«, in: Albert Bigelow Paine, *Mark Twain. A Biography*, Bd. 2, London, New York 1912, S. 908.

Fragen nach dem kapitalistischen Timing beschäftigten Twain intensiv, während er einen Roman schrieb, der die zeitlichen Widersprüche des Gimmicks auf nahezu jeder Ebene ausspielt, und zwar in einer Weise, die die komödiantischen Misserfolge des Romans wie auch seine Erfolge deutlich macht. Der Plot des Ro-

---

48 Vgl. zur »seltsamen Identifikation« Twains mit der »Paige Apparatur«: James M. Cox, »The Machinery of Self Preservation«, *Yale Review* 50 (1960), S. 89-102, wieder abgedruckt in: Mark Twain, *A Connecticut Yankee in King Arthur's Court*, New York NY 1982, S. 398. [MS]

(No Model.) 31 Sheets—Sheet 7.

J. W. PAIGE.

MACHINE FOR SETTING, DISTRIBUTING, AND JUSTIFYING TYPE.

No. 547,859. Patented Oct. 15, 1895.

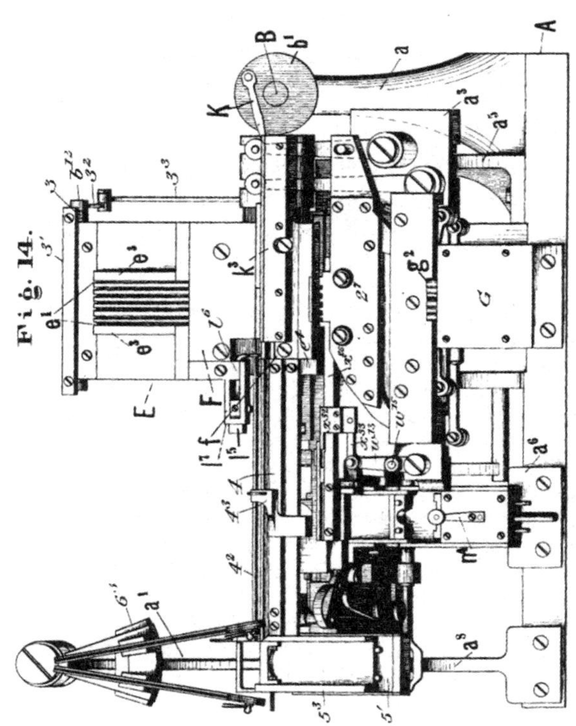

U.S. Patent US547859A, vom 15 Oktober 1895, abgelaufen am 15. Oktober 1912.

WITNESSES:
Fred. G. Dieterich
J. G. Hinkel

INVENTOR:
JAMES W. PAIGE,
BY H. W. Beadle & Co.
ATTYS

mans, den Kritikerïnnen seit den 1890ern bis in das Jahr 2010 verrissen haben, weil er auf nur einer einzigen Pointe aufbaut, und an den man sich vor allem wegen seines Titels erinnert, der den Kern der Handlung so effizient zusammenfasst, dass man sich von jeglicher Verpflichtung zur Lektüre entbunden fühlt, besteht im Grunde aus einer Aneinanderreihung schnell wirkender, aber schlussendlich lebloser Gags.[49] Diese Gags wiederum sind nichts als einfache Anachronismen: Ritter, deren Wappenrock mit Seifenwerbung bemalt ist; ein Eremit, der mit seiner Prostratio beim Beten eine Nähmaschine für die automatisierte Herstellung von Leinenhemden antreibt; Zeitungen und Telefone in Camelot; und so weiter. Bereits Twains Zeitgenossen betrachteten

---

49 Vgl. Cushing Strout, »Crisis in Camelot. Mark Twain and the Idea of Progress«, in: *Sewanee Review* 129, Frühjahr 2012, S. 336. Zu *Ein Yankee aus Connecticut* als »Ein-Pointen-Roman« bezieht sich Strout auf Adam Gopnik, »The Man in the White Suit. Why the Mark Twain Industry Keeps Growing«. Gopnik wiederum zitiert Van Wyck Brooks, der »in den 1920er Jahren mit dem Buch ›The Ordeal of Mark Twain‹ berühmt wurde, in dem er behauptete, Mark Twain habe trotz seiner herausragenden Begabung nur ein kümmerliches Gesamtwerk geschaffen: mit ›Huckleberry Finns Abenteuer‹ einen großen Roman (oder zumindest Zweidrittel von einem), eine gutes Jungsbuch mit ›Tom Sawyers Abenteuer‹, ein paar Kapitel des Erinnerungsbuchs ›Leben auf dem Mississippi‹ und sonst fast nichts, was sich zu bewahren lohne. Dann gab es noch ›Die Arglosen im Ausland‹ und ›Durch dick und dünn‹, unstrukturiert und gnadenlos sarkastisch, und einige Ein-Pointen-Machwerke, die vor allem ihrer Titel wegen auffallen, wie ›Ein Yankee aus Connecticut an König Artus' Hof‹ und ›Prinz und Bettelknabe‹, deren solide anspruchsvolle Konzeption, – Erfinder aus Neuengland zeitreist nach Camelot; ein reicher und ein armer Doppelgänger wechseln ihre Identitäten –, die fade Ausführung nicht rettet. Adam Gopnik, »The Man in the White Suit«, in: *The New Yorker*, 29. November 2010.

diese Palimpseste als plumpe Einfälle. »Die Idee, einen Yankee unserer Zeit der Telefone und des elektrischen Lichts an den Hof König Artus' zu versetzen, mag einige Gemüter amüsieren, wenn sie in einer Geschichte von moderater Länge präsentiert wird,« bemerkt die *Boston Literary World*, »aber auf fast 600 Seiten ausgewalzt findet sie wohl weniger Anklang.«[50] »Zweifelsohne ergibt sich *ein* witziger Effekt – Verschiedenartigkeit – wenn man einen Yankee aus Connecticut auf Lehensritter treffen lässt,« schreibt der *London Daily Telegraph*, »aber der scharfe Kontrast zwischen abgeschmackten Fakten und angestaubten Ideen allein reicht nicht für Humor.« Twains Ansatz, sich mit der »entfremdeten Interaktion zwischen Vergangenheit und Gegenwart« im Herzen des kapitalistischen Produktionssystems auseinanderzusetzen, schien in der Gegenwart des Autors seltsam aus der Zeit gefallen.[51] Sein Zeitreisen-Trick war bereits ein Gimmick – eine kompromittierte Form, für die der komisch unwitzige, allzu zeitgenössisch ungleichzeitige Humor des Humoristen als versehentliche *Mise en Abyme* fungiert.

---

50 Rezension von »Ein Yankee aus Connecticut an König Artus' Hof«, in: *Boston Literary World*, 15. Februar 1890, S. 52-53, wieder abgedruckt in: *A Connecticut Yankee in King Arthur's Court*, a.a.O., S. 334.

51 Rezension von »Ein Yankee aus Connecticut an König Artus' Hof«, in: *London Daily Telegraph*, 13. Januar 1890, wieder abgedruckt in: *A Connecticut Yankee in King Arthur's Court*, a.a.O., S. 328, 398. Louis Budd resümiert, *Ein Yankee aus Connecticut* scheine »fast nichts neues [zu sagen], wenn er 13 Jahrhunderte zurückspringt, um in die Zukunft zu schauen«; »grade der Gimmick, Vergangenheit und Gegenwart einander gegenüberzustellen, [ist] mittlerweile Allgemeingut« (Louis Budd, *Mark Twain. Social Philosopher*, Bloomington IN 1962, S. 141).

Ganz im Geiste von P. T. Barnums Vorführungen, die, wie Harris zeigt, bewusst das Misstrauen des Publikums weckten, um das Vergnügen der Urteilsbildung zu erhöhen, stellt *Ein Yankee aus Connecticut* den kapitalistischen Gimmick als ästhetischen Trick selbstbewusst zur Schau; die Serie von »Effekten« stellt Hanks historischen Vorteil als offiziell ausgewiesenen Zeitgenossen des Romans vordergründig heraus.[52] Aber das so stark, dass, wie James Cox zeigt, je weiter die Geschichte voranschreitet und sich die »Effekte« des »zwanghaften Showmans« akkumulieren (MS, 401), das Ziel von Twains Satire immer unklarer wird und die Erzählung gegen Ende bei deutlicher »Energieverschwendung« in eine schlichte Abfolge von Gags (oder Anachronismen) zerfällt.[53] Dem Plot gelingt es nur durch

---

52 Harris schreibt: »Dieses Vergnügen am Lernen erklärt, warum die Erfahrung, betrogen zu werden, als angenehm empfunden wird, selbst nachdem der Hoax durchschaut worden ist. (....) Barnum, Poe, Locke und andere Hoaxer fürchteten das öffentliche Misstrauen nicht, sie forderten es sogar heraus. Sie verstanden, ganz besonders Barnum, dass die Möglichkeit, das Thema Falschheit zu diskutieren, herauszufinden, wie die Täuschung vonstattengegangen ist, noch viel aufregender war als die Entdeckung des Betrugs selbst. Die Inszenierung eines Streichs war schließlich auf technischer Ebene genauso interessant wie die Vorführung echter Kuriositäten. Daher bezahlten Menschen, die schon dafür bezahlt hatten, eine Betrügerei zu sehen, die sie für echt hielten, noch einmal, um zu sehen, wie diese Betrügereien ausgeführt wurden. Barnum druckte die Analyse seines eigenen Kartenverkäufers ab: ›Zuerst haut er sie übers Ohr und dann bezahlen sie, um zu sehen, wie er es gemacht hat. Ich glaube, wenn er jemanden um zwanzig Dollar betrügt, würde der Mann ihm einen Vierteldollar geben, damit er ihm erzählt, wie es ging.‹« (HB, 77)

»Effekte« ist Morgans eigener Begriff für seine Spektakel (YC, 187f., 327).

53 »Sobald Morgan die Macht in Arthurs Welt übernimmt, beginnt die

den gimmickhaftesten aller literarischen Kunstgriffe, aus dieser bösen Unendlichkeit herauszukommen: Dem Deus ex Machina von Merlins plötzlich wiedererwachten magischen Kräften, die den größten Teil des Romans unwirksam waren, nun aber auf unerklärliche Weise dabei helfen, Hank wieder ins 19. Jahrhundert zurückzubringen. Andererseits haben Interpretinnen den Roman wiederholt auch als maschinenartig beschrieben, eine Beschreibung, die ein Gegengewicht zu der übermäßig subjektiven Geltendmachung des Verfasserwillens darstellt, und ein weiteres Zeugnis für die den ganzen Roman überwölbende Identifikation des *Yankee aus Connecticut* mit der erfolglosen, ihre Versprechungen nicht erfüllenden kapitalistischen »Apparatur«. Dem Roman wird attestiert, er stütze sich zu stark auf »einen allzu

---

Phantasie die Kritik zu verdrängen und die Entwicklung verkommt zu einer bloßen Abfolge.« (MS, 392). Dagegen weist Paul Lauter darauf hin, dass gerade in der »schlichten Aneinanderreihung« oder in seriellen Plots etwas grundlegend Komisches angelegt sein könne (und daher Twains Roman gelungen sei): »Theoretiker, die sich an ihm orientierten, (...) nahmen an, dass Aristoteles' Forderung einer organischen Struktur für die tragische Handlung sich notwendigerweise auch, *und zwar genauso*, auf die Komödie anwenden ließe. Wenn aber die komische Welt, wie Schlegel argumentiert, nicht die eine der tragischen Zwangsläufigkeit ist, wäre ein lockerer, phantasievoller, ja (um das von aristotelischen Theoretikern am meisten verabscheute Wort zu verwenden) ›episodischer‹ Plot für eine Komödie wohl angemessener. Und tatsächlich sind die besten komischen Romane oft pikaresk, wie jüngere Werke wie Bellows *Augie March*, Hellers *Catch-22* und Pynchons *V.* zeigen. Aber bis heute haben Literaturtheoretiker und -kritiker zum komischen Handlungsaufbau dieser Romane nicht viel zu sagen.« (Lauter, »Introduction«, in: *Theories of Comedy*, a.a.O., S. XXII) mechanischen Ausstoß karikaturesker ›Kontraste‹«[54], auf »Standard-Tricks« und »nostalgische Reiseliteraturklischees«, die »bloße Räder der Maschinerie dieses mechanischen Romans sind« (MP, 393f., 398), und auf einen Protagonisten, der »mechanischer wirkt als die Technik, auf die er sich spezialisiert hat, [der] sich mühsam durch seine ›Auftritte‹ arbeitet und dem nichts anderes zur Verfügung steht, um Aufmerksamkeit zu erzeugen, als schneller und schneller zu werden, größere und noch größere Dinge zu bewerkstelligen, – bis die Mechanik seines Charakters auseinanderfliegt.« (MP, 392)

Sowohl der aufdringliche Anstieg der Subjektivität des Verfassers, der bezeichnenderweise mit der Wiederbelebung übernatürlicher Magie in der Diegese zusammenfällt, als auch die allzu-mechanische literarische Apparatur sind Gimmicks, die die Komik des Romans zugleich konstituieren und ruinieren. Es ist nicht überraschend, dass der Roman sich der Erhellung des kapitalistischen Prozesses nur halbherzig verschreibt, auch wenn er im Diskurs wiederholt darauf verweist. Wir erfahren, dass Hank Morgan in der »großen Waffenfabrik« gelernt hatte, alles herzustellen, »Gewehre, Revolver, Kanonen, Kessel, alle Arten arbeitssparender Apparate« und auch wie man »Oberaufseher« über »zweitausend Mann« wird. Hank prahlt: »Ich konnte alles herstellen, was irgendwie verlangt wurde – alles, was es nur gibt, gleichgültig, was; und es gab kein schnelles, neumodisches Herstellungsverfahren, dann war ich in der Lage, eins zu erfinden –

54 James D. Williams, »Revision and Intention in Mark Twain's *A Connecticut Yankee*«, in: *A Connecticut Yankee in King Arthur's Court*, a.a.O., S. 365.

und das mit ebensolcher Leichtigkeit, als rollte ich einen Baumstamm davon.« (YC, 13). Doch, wie uns Henry Nash Smith zeigt, vollbringt »Hank tatsächlich außer der Reparatur des heiligen Brunnens keine einzige konstruktive Heldentat; und es sei daran erinnert, dass die Technik in dieser Episode nicht für das Reparieren des Brunnens eingesetzt wird, sondern für die betrügerische Feuerwerksvorführung, mit der er die Bevölkerung beeindruckt.«[55] Twains Roman erfüllt die Operationale Ästhetik, für die er sich anfangs so enthusiastisch engagiert, nie selbst.

Das bringt uns zu einem letzten Widerspruch. Einerseits scheint der Gimmick bestimmte kapitalistische Funktionsweisen auf eine seltsame nicht sehr angenehme Weise transparent zu

---

55 Henry Nash Smith, *Mark Twain's Fable of Progress. Political and Economic Ideas in »A Connecticut Yankee«*, New Brunswick NJ 1964, S. 86; zitiert nach Twain, *A Connecticut Yankee in King Arthur's Court*, a.a.O., S. 413. Insgesamt »scheint Twain, während er äußerlich die Fähigkeiten des Protagonisten alle möglichen Arten von Maschinen zu bauen oder zu erfinden so betont, seltsam zögerlich darin zu sein, sich dieser Macht für die Handlung zu bedienen« (a. a. O.). Es scheint, als ginge der Operationalen Ästhetik des Romans, oder dem Willen zu ihr, parallel zu Twains rapide zusammenbrechenden Hoffnungen auf seine Paige-Apparatur der Dampf aus. Tatsächlich, bemerkt James D. Wilson, hat Twain ursprünglich geplant, dass »der Boss« viel mehr veranstaltet als das, was sich in der finalen Version des *Yankee aus Connecticut* wiederfindet, einschließlich der Einführung von »Dampfmaschine, Feuerwehr, Aluminium, Impfung und Blitzableitern« (Williams, »Revision and Intention in Mark Twain's *A Connecticut Yankee*«, a.a.O., S. 365). Dass Twain diese Pläne im bereits fortgeschrittenen Roman (gute 14 Kapitel waren bereits geschrieben) noch verwarf, legt nahe, dass er letztendlich spürte, dass das Anfangsversprechen einer arbeitssparenden kapitalistischen Maschine, – der Gag des Romans, sein Fundament –, nicht weiter aufrechterhalten werden konnte.

machen. Andererseits verdunkelt irgendetwas an ihm die kapitalistische Funktionsweise. In *Die Ruhmesmaschine* führt der Mechanismus seinen eigenen Ausführungsprozess vor und enthüllt so, wie die gewünschten Effekte erzeugt werden, doch in *Ein Yankee aus Connecticut* nimmt der Gimmick die Gestalt der klassischen Ingenieurs-Black Box an: eine undurchsichtige Eingabe/Ausgabe-Struktur, die von den Akteuren eingesetzt werden kann, ohne dass sie wissen, wie sie tatsächlich funktioniert.

Wir können dies nun zur Liste der Antinomien des Gimmicks – Gegen-Sätze, die gleichermaßen wahr sind – hinzufügen, die zusammen einen großen Teil dazu beitragen, sowohl die Aufdringlichkeit der ästhetischen Form als auch die eigentümlich intensive Form der Irritation zu erklären, die sie hervorruft:

Der Gimmick erspart uns Arbeit.
Der Gimmick spart keine Arbeit (tatsächlich verdichtet oder vernichtet er sie).

Der Gimmick ist eine Apparatur, die auf uns wirkt, als arbeite sie zu viel.
Der Gimmick ist eine Apparatur, die auf uns wirkt, als arbeite sie zu wenig.

Der Gimmick ist altmodisch, überholt.
Der Gimmick ist neumodisch, futuristisch.

Der Gimmick ist eine unwiederholbare »Einmal-Erfindung« (Jamesons Singularität).

Der Gimmick ist eine Apparatur, die »hundert- und tausendmal« benutzt wird (Twains Witz).

Der Gimmick bringt etwas über die kapitalistische Produktionsweise zum Vorschein.
Der Gimmick verdunkelt etwas an der kapitalistischen Produktionsweise.

Es ist kein Zufall, dass diese Antinomien jeweils Arbeitskraft, Zeit und Mehrwert betreffen – Elemente, die im Kapitalismus unmöglich zu trennen sind. Das eine hervorzuheben, bedeutet notwendigerweise, die anderen wahrzunehmen oder zu denken, und das ist es, was die Eigenschaften des Gimmicks in eine so enge Beziehung zueinander setzt, wobei jede die anderen zu implizieren scheint oder von ihnen impliziert wird.[56] Indem er uns zwingt, zwischen den jeweiligen Polen der widersprüchlichen, aber jeweils wahren Beobachtungen zu oszillieren, verweist der Gimmick auf »eine Situation, die die gegensätzlichen Begriffe umfasst, aber keine der beiden Seiten für sich allein erfassen kann«, eine, »die wir nur in der Oszillation selbst erahnen können.« In Anschluss an die Arbeiten Kōjin Karatanis nennt Michael Wayne dies eine

56 Natürlich mit Ausnahme der letzten Antinomie, die als interpretatorische Synthese aller vorausgehenden gelesen werden kann. Es scheint mir bemerkenswert, dass die Fragen, die von der Form des Gimmicks aufgeworfen werden (Leistet er zu viel oder zu wenig? Veraltet oder zu fortgeschritten? Billig oder überbewertet?) auf einer ästhetischen Ebene die Fragen spiegeln, die Ökonom'innen stellen, wenn sie bestimmen wollen, ob eine kapitalistische Maschine oder Technik Mehrwert produziert (nicht nur materiellen Wohlstand).

»Parallaxe«, ein »ständiges Hin-und-Her-Bewegen zwischen Perspektiven, die nicht synthetisiert werden können.«[57] Auf diese Weise, durch die Wahrnehmung einer alltäglichen Form und das Urteil, das sie spontan hervorruft, verweisen die Antinomien des Gimmicks auf die grundlegenden Widersprüche des Kapitalismus: starke Vermehrung arbeitssparender Gerätschaften bei gleichzeitiger Verdichtung menschlicher Arbeit im unmittelbaren Produktionsprozess; Steigerung der Arbeitsproduktivität bei gleichzeitiger geringerer Verfügbarkeit von sicheren Arbeitsplätzen; geplante Obsoleszenz und Innovation als Routineprozesse; Überproduktion von Waren bei gleichzeitiger Schaffung von »Überschuss-Bevölkerungen«, die sich keine Waren leisten können. Es ist die Parallaxe zwischen dem ästhetischen und ökonomischen Ganzen, die sich in unserer alltäglichen Erfahrung des Gimmicks aufdrängt, die mehr als jede andere kapitalistische ästhetische Erfahrung von uns verlangt, »mehrere Wertmaßstäbe gleichzeitig im Blick zu behalten.«[58]

Der Gimmick verlangt dies auch noch auf eine andere Weise. Gimmicks sind grundsätzlich billig, selbst wenn sie teuer aussehen oder es sogar sind.[59] Im Fall des Gimmicks bezeichnet

---

57 Michael Wayne, *Red Kant. Aesthetics, Marxism, and the Third Critique*, London 2014, S. 23.

58 Daniel Spaulding, Nicole Demby, »Art, Value, and the Freedom Fetish«, in: *Mute Magazine*, 28. Mai 2015, www.metamute.org.

59 An diesem Punkt ist es verlockend, den Gimmick in das breitere Konzept von Kitsch zu überführen, mit dem er zweifelsohne verwandt ist, und unter das so viele andere mehrdeutige ästhetische Kategorien lange Zeit subsumiert wurden. So würden wir aber die faszinierende Besonderheit des Gimmicks aus dem Blick verlieren. Sicher ist die Warenästhetik des Kitschs genauso ein Produkt der kapitalistischen

das *ökonomische* Konzept des Billigen außerdem den Eindruck der Betrachterin, dass es sich um einen spezifisch *ästhetischen* Betrug handelt, bei dem der Wert nicht so erscheint, wie man es erwartet oder nicht dort, wo man ihn erwartet. Damit sind wir bei einer Eigenschaft angelangt, die den Gimmick trotz ihrer Einfachheit auffallend von anderen ästhetischen und sogar von anderen kapitalistischen Kategorien wie cool oder niedlich unterscheidet: Die Art und Weise, wie das Urteil über seinen negativen ästhetischen Wert und das über seinen negativen ökonomischen Wert fast völlig übereinstimmen. Billig ist das, was weniger kostet als die Produktionskosten ausmachen. Der Gimmick macht deutlich, wie unauflöslich das *theoretisch wertfreie* Konzept gesenkter Produktionskosten, genauso wie das der reduzierten Arbeitskraft, mithilfe derer die Kosten üblicherweise gesenkt werden, in der kapitalistischen Kultur mit dem Beigeschmack von Illegitimität und Betrug verbunden ist. Browns Nachdenken in *Words in Our Time* über die Arbeit und Zeit sparenden Gerätschaften des Komischen endet daher passenderweise bei der Feststellung, dass Gimmick eine Ableitung von *gimcrack* ist: einer anfangs wertfreien

---

Produktionsweise, aber seine Idee umfasst nicht den Aspekt einer arbeitssparenden Technologie, wie es der Gimmick tut. Das paradigmatische Kitsch-Objekt, das als Nippes, Trödel oder Sammlerstück auftritt, – Schneekugeln, Keksdosen, Plüschwürfel –, macht keinerlei Versprechungen, irgendjemandem Zeit oder Aufwand zu sparen. Tatsächlich stehen sie oft im Gegenteil vielmehr für ein flüchtiges Vergnügen, eine Utopie luxuriöser Zwecklosigkeit oder erschwingliche Verschwendung. Der deutlichste Unterschied besteht aber darin, dass Kitsch eine Konsumästhetik ist und nicht so direkt ein Bild von Produktion hervorruft oder wahrnehmbar macht, wie es der Gimmick als Technik oder Gerät tut.

Bezeichnung für handwerklich gefertigte Intarsienarbeiten, die sich mit der Entwicklung automatisierter Produktionsverfahren zu einem Synonym für Billigware und Fälschung wandelte.[60]

Unter Bedingungen, in denen die Produktion von Wert systematisch mit der Aneignung von Mehrwert und Mehrarbeit einhergeht, sind die Versprechen, Arbeit und Zeit zu sparen, die vom kapitalistischen Gimmick gemacht und gebrochen werden, auch gemachte und gebrochene Versprechen in Bezug auf den Wert. Die ökonomische Messgröße für Billigkeit, interessanterweise ohnehin schon in einer Grauzone zwischen dem Qualitativen und dem Quantitativen angesiedelt, ist *in* das ästhetische Urteil über den Gimmick eingebettet – und auf eine seltsame Art, die es lohnt hervorgehoben zu werden. Denn wie wir wissen, liegen zwischen ästhetischen und ökonomischen Bewertungen üblicherweise riesige Unterschiede, selbst im Fall einer Warenästhetik wie der des Niedlichen (die so explizite Kriterien wie Preis oder Kosten nicht aufruft). Das Schöne mit seinen höheren geistigen Ansprüchen ist ganz besonders darauf angewiesen, als radikal getrennt von einer Sphäre wahrgenommen zu werden, in der Wert mit oder durch Geld ausgedrückt werden muss. Im Gegensatz dazu kann man einen Gimmick nicht wahrnehmen oder denken, ohne dass mit dieser Wahrnehmung unmittelbar ein Urteil über die Billigkeit einhergeht; das heißt, ohne die Vorstellung von den Produktionskosten einer Ware, die auf einer raschen Synthese sinnlicher und begrifflicher Indizien (Material, Gestaltung, Pro-

60 Andere Wörterbücher schlagen eine andere, aber genauso trick-basierte Etymologie aus dem Wort *magic* vor, von dem *gimmick* ein Anagramm ist. Selbst das Wort *Gimmick* ist also eine Art verbaler Trick.

duktionsstandort) beruht.[61] Es ist beachtlich, wie üblicherweise gegensätzliche Wertmaßstäbe in dieser Einschätzung zusammenfallen.[62] Wie implizit oder verdeckt auch immer, scheint doch nichts unwahrscheinlicher als Einfluss auf unsere *ästhetische* Erfahrung als die Produktionskosten! Und doch beruht unsere alltägliche spontane Bewertung von Gegenständen als gimmickhaft, und damit implizit als billig, auf genau dieser qualitativen Beziehung *zum* Quantitativen. Sie verbindet eine Welt empfindungsbasierter Urteile mit einer Welt von Werten, die notwendigerweise in Geld ausgedrückt werden, nachdem sie in der Produktion hergestellt und im Tausch realisiert worden sind. Der Gimmick ist, wie das Konzept des Billigen in seinem Kern, in diesem Sinne eine Katachrese, die eine unlogische, wenn auch völlig normale oder gewöhnliche Neubewertung des in einem Universum definierten Wertes im Hinblick auf den in einem anderen Universum definierten Wert beinhaltet.

Wir haben bereits gesehen, dass es sich bei der Komik im Wesentlichen um die Bewertung dreht: eine Kunst des Urteilens über das Urteilen und über zeitgenössische Urteile im Besonde-

---

61 Kitsch ist auch mit Billigkeit konnotiert, aber das Billige und das Kitschige stimmen nicht vollkommen überein. Manchmal wirkt Kitsch teuer und ist es auch wirklich, und das teure Aussehen oder der teure Preis eines Objektes kann seinen Wert als Kitsch noch verstärken, wie bei einer Villa aus rosa Marmor oder juwelenbesetzten Kronleuchtern. Produktionskosten sind darüber hinaus eine hoch-spezifische Maßangabe, auf die sich weder Camp noch Kitsch explizit beziehen.

62 Man könnte sagen, dass Billigkeit hier ein nicht-quantifizierbares Verhältnis zum Reich des Quantitativen umfasst und ausdrückt, das in der ästhetischen Wahrnehmung des Gimmicks affektiv und sinnlich hervorgehoben wird.

ren. Einige Theoretikerīnnen behaupten, dass das Komische insbesondere um die *Verkleinerung* von Wertbehauptungen kreist: »aus der plötzlichen Verwandlung einer gespannten Erwartung in nichts«, wie Immanuel Kant Lipps und Freud vorgreifend argumentiert;[63] oder, wie bei William Hazlitt, um das Vergnügen, das wir aus der Enttäuschung ziehen, das möglich wird und nicht mehr paradox erscheint, wenn sich der Gegenstand unserer Enttäuschung plötzlich als »Lappalie« entpuppt.[64] Elder Olson bringt diese These am ausdrücklichsten vor. Wenn es bei der Tragödie um die verspätete Verleihung von Anerkennung an die entsprechenden Objekte geht, dann umfasst die Komödie die rechtzeitige Abwertung überbewerteter Waren, nicht unähnlich den periodischen Krisen, die das Verhältnis von Preisen und Werten gewaltsam neu bestimmen. Und wenn die Tragödie Wert teilweise durch *Katharsis* verleiht, dann ist im Gegensatz dazu die *Katastasis* die charakteristische Technik der Komödie, die Olson »als besondere Art des Nachlassens von Interesse« beschreibt. Diese »Vernichtung des Interesses an sich« geschieht nicht durch die Ersetzung eines Gefühls durch ein anderes, »nicht durch das Ersetzen von Begehren durch seinen Gegensatz, Abneigung, [oder] von Furcht [...] durch die gegensätzliche Emotion der Hoffnung«, sondern vielmehr durch einen rationalen Prozess, »der die Gründe für das Interesse zu absolut nichts

63 Immanuel Kant, »Kritik der Urteilskraft«, §54, S. 332, in: ders., *Kritik der praktischen Vernunft, Kritik der Urteilskraft*, Berlin 1913.

64 William Hazlitt, »Lecture I – Introductory: On Wit and Humor«, in: *Lectures on the English Comic Writers*, Philadelphia PA 1819, S. 1.

zermahlt.«[65] Eine solche Minimierung oder Reduzierung durch Vernunft beinhaltet allerdings oft ziemlich ausgefeilte affektästhetische Verfahren, die manchmal sogar die Länge eines ganzen Romans einnehmen, wie wir nun sehen werden.

3. Gyné ex Machina

Helen DeWitts *Lightning Rods* (2011) ist ein komischer Roman über Joe, eine weiße, männliche, heterosexuelle, amerikanische Personifikation des Kapitals, und seinen Gimmick. Während er zu seiner Lieblingssexphantasie masturbiert – eine optisch »zweigeteilte« Frau erledigt sichtbar für andere ihre Büroarbeit, als würde nichts Besonderes passieren, während sie von hinten von einem Mann gevögelt wird – kommt ihm die perfekte Idee, wie sich der Gewinn amerikanischer Unternehmen steigern und ihre Investitionen schützen lassen. (LR, 12) Die Lösung besteht darin, einerseits die Produktivität einer ausgewählten Gruppe männlicher heterosexueller »High-Performance«-Angestellter zu steigern und die Firmen gleichzeitig gegen das Risiko abzusichern, von ihren weiblichen Angestellten wegen sexueller Belästigung verklagt zu werden. Wie genau funktioniert das? Uns das auf eine Weise zu zeigen, die den Genuss an »Information und Technik« anregt, macht die Verfahrenskomik des Romans aus. So werden wir sorgfältig durch die einzelnen Schritte Joes geführt, wie aus seiner fixen Idee zunächst ein Gerät und dann eine

---

65 Elder Olson, *The Theory of Comedy*, Bloomington IN 1968, S. 25.

Dienstleistung wird, auf der er wiederum eine Firma und später sogar ein riesiges Unternehmen aufbaut. Am Anfang steht eine Apparatur, mit der die anonyme »nackte untere Hälfte« einer Frau durch eine versteckte Tür in eine Klokabine für männliche Benutzer und nach Vollzug der sexuellen Erleichterung wieder zurück transportiert wird (LR, 9).[66]

Die produktivitätssteigernde, profitsichernde Gerätschaft im Zentrum der gesamten Romanhandlung von der kapitalistischen *Poiesis* ist eine *Gyné ex Machina*. Aber der Blitzableiter, Lightning Rod, ist nicht einfach eine Maschine. Basierend auf einem klassischen Konzept von repressiver Entsublimierung – Sex im Job wird angeboten, um den Job zu desexualisieren und die Effizienz zu steigern – umfasst er auch eine Dienstleistung, integriert in eine Zeitarbeitsfirma mit demselben Namen, Lightning Rods, die anfangs als Fassade für das eigentliche Geschäft dient, dann aber nach und nach offen eine dem Backend völlig gleichwertige

---

66 Die erste Phase betrifft eine Maschine, die für die Toilette für Menschen mit Behinderungen innerhalb der Herrentoilette konstruiert wird, wie es seit dem 1990 verabschiedeten American Disabilities Act verpflichtend ist. Dass Joe aus seiner »großen Idee« Profit ziehen kann, hängt also von seiner Fähigkeit ab, »kostenlose« oder allgemein zur Verfügung gestellte Ressourcen zu nutzen: die öffentliche Infrastruktur und eine bereits bestehende Kultur nach Geschlechtern getrennter Toiletten. Es gäbe noch sehr viel mehr darüber zu sagen, wie erfinderisch DeWitts Personifikation des Kapitals es immer wieder schafft, aus kulturellen und nicht-ökonomischen Gegebenheiten Kapital zu schlagen, die zum großen Teil Ergebnisse der bürgerrechtlichen Gesetzgebung zum Schutz von Minderheiten und Frauen sind. Genauso wie es noch mehr dazu zu sagen gäbe, wie im Roman Behinderung verhandelt wird und besonders die Angleichung von Sex und Behinderung. Ich muss mich hier aber auf die Lektüre des Gimmicks beschränken.

Rolle übernimmt. Diese Konsumware in Form einer komplexen Rube Goldberg-Maschine (weiblicher Körper, Maschine, sexuelle Dienstleistung, Zeitarbeitsfirma) ermöglicht es den Unternehmen des Romans, ihren heterosexuellen männlichen Angestellten ein hygienisches Ablassventil für störende sexuelle Spannungen anzubieten, die Produktivität dieses Kerns an Festangestellten zu steigern und nebenbei praktischerweise das Risiko von Klagen wegen sexueller Belästigung am Arbeitsplatz zu reduzieren (die Reduzierung tatsächlicher sexueller Belästigungen erscheint erst nachträglich als Zweck).[67]

Der produktivitätssteigernde Gimmick des Romans – eine Frau integriert in eine Maschine, die in eine sexuelle Dienstleistung integriert ist, die in eine Zeitarbeitsfirma integriert ist – ist also ein Produkt, um Unternehmen gegen durch Angestellte hervorgerufene Schadensfälle zu schützen, und damit stillschweigend auch vor dem, was der Roman als den eigentlichen, vom Personal erzeugten Haftungsfall darstellt – den *Vollzeitangestell-*

---

67 Der Roman macht deutlich, dass die einzige wirkliche, bezeichnenderweise nicht-ökonomische Gegenmacht, die den Frauen gegen die Aggressivität der männlich dominierten Welt zur Verfügung steht, in der der Roman spielt, der Rechtsweg ist. Witzigerweise machen die wichtigsten Lightning Rods-Mitarbeiterinnen der Erzählung, Lucille und Renée, nach ihrem Ausscheiden aus Joes Unternehmen eine spektakuläre juristische Karriere als Anwältinnen und Richterinnen (LR, 27). Währenddessen spielen die Leistungsbeeinträchtigungen, die Frauen durch sexuelles Begehren oder Belästigung drohen, in Joes Projekt keine Rolle, die bedeutend genug wäre, um ein Gegenmittel zu verdienen (oder dass man dafür ein profitables Gegenmittel erfinden würde). Schwule Männer sind genauso ausgeschlossen, weil Joe davon ausgeht, dass ihr sexuelles Begehren immer vollkommen erfüllt sei und daher am Arbeitsplatz unter Kontrolle (vgl. LR, 26).

ten selbst. Diese »Haftungstheorie der Arbeit«, die den Arbeitnehmer eher als Belastung denn als Wertschöpfung und damit als Risiko für das finanzielle Wohlergehen seines Arbeitgebers betrachtet, spiegelt sich in DeWitts komödiantischen Einfällen wider, in denen sie alle Romanfiguren entweder zu Klägerinnen und Beklagten wegen sexueller Belästigung oder zu Klägerinnen und Beklagten in spe macht.[68] Am Ende des Romans hat sich Lightning Rods zum größten Unternehmen der weltweiten Zeitarbeitsbranche entwickelt, – und das nur durch Joes anfänglichen Gimmick des »bifunktionellen Personals« und die Grundregeln des kapitalistischen Wettbewerbs. Seine überlegene Marktstellung hat es dem Unternehmen darüber hinaus ermöglicht, die Zeitarbeit zu revolutionieren, indem es alle Konkurrenten dazu zwingt, seine Innovation zu übernehmen, die so schließlich zum Status Quo der Branche werden.

Im Sinne der Operationalen Ästhetik des Romans oder der expliziten Einladung, uns an der Analyse von Ursache und Wirkung zu erfreuen, stellt sich die Frage, wie es dazu kommt, dass das Sexgeschäft von Lightning Rods in eine Zeitarbeitsfirma eingebettet ist und sich schließlich mit ihr deckt. Wie Joe es in seinem Marketing-Gelaber sowohl möglichen männlichen Kunden als auch zukünftigen weiblichen Angestellten darstellt, ist das herausragende Charakteristikum von Lightning Rods, dass die Anonymität der Identitäten (relativ) gewahrt bleibt:

---

68 Die Formulierung »Haftungstheorie der Arbeit« (»liability model of work«) stammt aus Erin Hatton, *The Temp Economy. From Kelly Girls to Permatemps in Postwar America*, Philadelphia PA 2011, S. 4-18.

Auf dem Bildschirm des Programmteilnehmers erscheint eine Benachrichtigung. Ob er annimmt oder nicht bleibt vollständig dem Teilnehmer überlassen. Die Administratoren des Programms erhalten keine Information darüber, ob und welches Individuum akzeptiert hat. Teilnahme oder Nicht-Teilnahme bleiben komplett vertraulich [...]. Möchte der Teilnehmer die Gelegenheit wahrnehmen, kann er entweder sofort akzeptieren oder die Option SPÄTER im Menü wählen. In diesem Fall hat er die Möglichkeit, einen späteren Zeitpunkt einzugeben oder einfach zu warten, bis es passt, und dann das ICH BIN BEREIT-Icon zu klicken.« (LR, 67-68)

Männliche Angestellte mögen zwar einige ihrer Mitarbeiterinnen im Verdacht haben, nebenher für Lightning Rods zu arbeiten, aber sie werden es nie sicher wissen. (Die Arbeitskleidung aus Ouvert-PVC-Strumpfhosen, die von Lucille eingeführt wird, stellt sicher, dass auch die ein bis zwei Lightning Rods of Color anonym bleiben.)[69] Lightning Rods wiederum wissen, dass einige ihrer Kollegen den Service nutzen, aber nicht wer genau. (Nicht eingeweiht sind dagegen alle weiblichen Angestellten, die keine Lightning Rods sind – eine Position, die von der Geschichte logischerweise vorgesehen ist, die aber von Personen eingenommen wird, die in der Diegese kaum erwähnt werden und im Laufe

69 Das wiederum ermöglicht es Joe, die kostspieligen rechtlichen Folgen durch Verstöße gegen den Equal Employment Opportunities Act (Gesetz gegen die Diskriminierung bei Berufswahl und am Arbeitsplatz) zu vermeiden, – der eigentliche Zweck der PVC-Vorrichtung. Vor ihrem Einsatz hatte Lightning Rods ausschließliche *weiße* Frauen eingestellt, da nur deren Anonymität sichergestellt werden konnte (vgl. LR, 178-185).

der Handlung und der erfolgreichen Entwicklung von Joes Produkt immer weniger vorkommen.) Diese Mehrdeutigkeit verwandelt implizit *alle Mitarbeiterinnen* eines Arbeitgebers, der Joes Erfindung nutzt, – und für den Roman ist es zentral, dass am Schluss jedes Unternehmen eine Version davon einsetzt –, in *potenzielle* Sexarbeiterinnen. Und es ist die Notwendigkeit, diese fortwährende Ambiguität aufrechtzuerhalten (die Essenz des Produkts ist die Frage »Ist sie eine oder ist sie keine?«), die Joe die Begründung liefert, seine Kunden davon zu überzeugen, alle ihre Zeitarbeitsaufträge ausschließlich an Lightning Rods zu vergeben:

> Joe war fest davon überzeugt, dass eine Firma, die Lightning Rods in ihr Team für das 21. Jahrhundert integrieren wollte, auf lange Sicht gesehen gar keine andere Option hatte als die Beschaffung von Arbeitskräften komplett nach außen zu abzugeben. Denn wie war es ihnen sonst möglich, Anonymität zu garantieren? Wenn man nur die Lightning Rods outsourct, wird irgendjemand im Unternehmen erfahren, welche Angestellten von der eigenen Personalabteilung betreut werden und welche von einer externen Firma. Und wenn diese Person weiß, warum man sich für den externen Dienstleister entschieden hat, kann diese Person die Mitglieder der Belegschaft identifizieren, die der Firma einen besonderen Dienst leisten. Aber es war natürlich auch so, dass es überhaupt keine Chance gab, dass er ein Unternehmen davon überzeugen können würde, das gesamte Personalwesen nach außen zu verlegen. Die Dienstleistung, die er tatsächlich erbrachte, war schon radikal genug, auch ohne die allgemein akzeptierte Haltung zum Personalwesen in Frage zu stellen. Das

> Wesentliche ist nicht notwendigerweise jemanden gleich beim ersten Aufschlag davon zu überzeugen, etwas auf ganz andere Art als bisher zu machen; das Wesentliche liegt darin, zu wissen, was dein eigentliches Ziel ist. Was Joe also machte, war, diese ganze Personalfrage völlig außen vor zu lassen. Er erklärte schlicht, dass, weil Anonymität so wichtig sei, seine Firma alle Zeitarbeitsaufträge abwickeln müsse. Einige der eingesetzten Zeitarbeiterinnen würden Lightning Rods sein, andere nicht. Am Ende von sechs Monaten würden sie den Erfolg des Programms überprüfen. (LR, 58)

Alle Lightning Rods müssen Zeitarbeiterinnen sein, was bedeutet, dass, nachdem Joes Innovation der Standard für alle Zeitarbeitsfirmen geworden ist, alle Zeitarbeiterinnen Lightning Rods sein könnten. Das ist der Moment, in dem »bifunktionelles Personal« damit aufhört, ein Gimmick zu sein (eine isolierte Vorrichtung eines verrückten Erfinders), und wirklich einer wird (ein endlos wiederholtes, allzu vertrautes Gerät).

Der Gimmick in DeWitts Komödie ist die Blitzableiterin, die Lightning Rod, die auch der Gimmick des Kapitals ist. Dieses arbeitssparende Gerät ist eine Sexarbeiterin, deren Gegenstück die *permanente Zeitarbeiterin* ist, deren paradoxe Synthese von Ewigkeit und Vergänglichkeit die zeitlichen Widersprüchlichkeiten des Gimmicks wiederholt. Eine Synthese, die im bizarr anmutenden, aber ganz und gar nicht fiktiven Konzept des »In-house Outsourcing« perfektioniert wurde: Hier werden Arbeiterinnen von einer Agentur angestellt, die unauffällig *in das Unternehmen integriert ist* und für das diese permanenten Nicht-Angestellten speziell ausbildet werden (wie zum Beispiel die Unitemps der Warwick University und die B&A Temps der Bank of America).[70] Durch diese Verschiebung von einer scheinbar abseitigen Vorrichtung hin zu einer gewöhnlichen zeitgenössischen Personalpraxis produziert DeWitts Roman eine komisch anmutende Deflation ähnlich der in *Die Ruhmesmaschine*. Doch in gewisser Weise treibt DeWitts Anatomie des Gimmicks die Dinge noch etwas weiter, indem sie andeutet, dass das ultimative arbeitssparende Gerät des Kapitalismus im Grunde eine Frau ist.

Die Feminisierung der Arbeit und das Ungewisswerden der Arbeit: Was ist die Voraussetzung und was das Ergebnis? In einer Welt, in der alle Lightning Rods weiblich und Zeitarbeiterin sein *müssen* und in der *alle* Arbeitgeber Lightning Rods einsetzen (in einer interessanten Wendung der Geschichte wird die US-Regierung Joes größter Kunde), fallen die Positionen von Zeitarbeiterïn und Frau strukturell in eins. Und natürlich ist diese diegetische Situation keine fantastische, sondern verweist auf eine bekannte Wahrheit: Frauen sind nach wie vor die weltweit

---

70 Erin Hutton bemerkt dazu, dass »In-house Outsourcing« eine Belegschaft voraussetzt, die bereits fest Zeitarbeitskräfte umfasst. Wenn man auf jeden Fall Zeitarbeitskräfte anheuern muss, warum nicht gleich die eigenen? Zusammen mit Praktiken wie »payrolling«, dem Feuern langjähriger Mitarbeiterïnnen und deren anschließendem Überwechseln in Zeitarbeitsfirmen, um weiter denselben Job im alten Unternehmen zu machen (Unternehmen entlasten sich so von den Beiträgen zur Arbeitslosenversicherung, Berufsgenossenschaft und Arbeitsunfallversicherung, Rentenkasse und Sozialleistungen) und dem Outsourcen ganzer Unternehmensabteilungen, wie der Poststelle, Buchhaltung oder Kundendienst, ist »In-House Outsourcing« seit langem normal. Vgl. Hatton, *The Temp Economy*, a.a.O., S. 110, 74).

größte Reservearmee an Arbeitskräften, und sie sind, wie bereits in der Vergangenheit aufgrund der Vergeschlechtlichung und anschließenden Abwertung bestimmter Tätigkeiten, die beliebteste und am längsten bestehende Vorrichtung des Kapitals zur Gewinnsicherung – eine dauerhaft vorübergehende, billigere Arbeitskraft, die zur weiteren Verbilligung der Arbeitskraft im Allgemeinen eingesetzt wird. Es lohnt, sich Zupančič' Bemerkungen über die Abhängigkeit des Komischen von der überraschenden Abwesenheit der Überraschung zu betrachten, in denen die Argumentation von Feibleman und Olson über die Funktion der korrigierenden Entwertung nachzuklingen scheint:

> Der Komödie gefällt es, [...] die Schleier zu lüften, die spanische Wand umzustoßen und die Wandschränke zu öffnen. Doch sagt sie gewöhnlich nicht direkt, dass es dahinter nichts gibt. Ganz im Gegenteil: Hinter dem Schleier gibt es immer einen nackten Hintern, hinter der spanischen Wand eine leicht bekleidete Dame [...]. Wir könnten sogar sagen, dass es in der Komödie immer etwas dahinter gibt. Der komische Punkt ist jedoch, dass das, was dahinter ist – Überraschung! – nichts anderes ist, als das, was wir (ausgehend von der Oberfläche der Dinge) erwarten würden. (GK, 247)

Komische Kunst ist hier weniger Verfremdung als eine Form des lustig-irritierenden Sich-Wieder-Vertrautmachens, weil sie uns ständig mit Dingen überrascht, die wir ungefähr so erwartet haben. Vollkommen ausgearbeitet sehen wir dieses Prinzip in DeWitts Geschichte des Kapitals/von Joe, dessen Gimmick des

»bifunktionellen Personals« die Bemühungen der Zeitarbeitsbranche schlichtweg wörtlich nimmt, die um die Mitte des letzten Jahrhunderts durch die ausdrückliche Feminisierung und Erotisierung von Zeitarbeit versuchte, Arbeiterinnen anzuwerben und Zeitarbeit allgemein an Unternehmen zu verkaufen. Diese Erotisierung schloss, wie wir aus Hattons Geschichte der Branche erfahren, den Vergleich von Zeitarbeiterinnen mit arbeitssparenden Haushaltsgeräten nicht aus (»Lass sie auf dein befristetes Arbeitsaufkommen los und sieh zu, wie die Arbeit verschwindet.«) oder mit Büromaterial, wie im Fall einer Anzeige von Manpower von 1970, die eine Sekretärin in einem Versandkarton zeigt.[71]

Indem sie die Arbeitsweise eines arbeitssparenden Gimmicks offenlegt, der die Hälfte der arbeitenden Bevölkerung in Dienstleistungs- und dauerhaft befristete Arbeitskräfte umwandelt (d. h. in Sexarbeiterinnen und Zeitarbeiterinnen), erzählt DeWitts Komödie bezeichnenderweise eine Geschichte über die *Standardisierung*, nicht die Erfindung einer kapitalistischen Technologie. Dieser Fokus lässt ihre Geschichte von Joe aus den anderen Geschichten über amerikanische Erfinder herausstechen, auf die sich DeWitt gleichwohl bezieht.[72] Das Thema der Normalisierung wird durch die erstaunlich homogene erlebte indirekte Rede verstärkt, in der der gesamte Prozess geschildert wird. Aufgrund der diegetischen Dominanz des verbalen Gim-

71 Ebd., S. 59-60.

72 Die Figur Benjamin Franklin bei Benjamin Franklin, Villiers Thomas Edison, Twains Hank Morgan, der unsichtbare »Denker-Lenker« Mann bei Ralph Ellison, E. L. Doctorows Henry Ford und Samantha Hunts Nikola Tesla, um nur einige zu nennen.

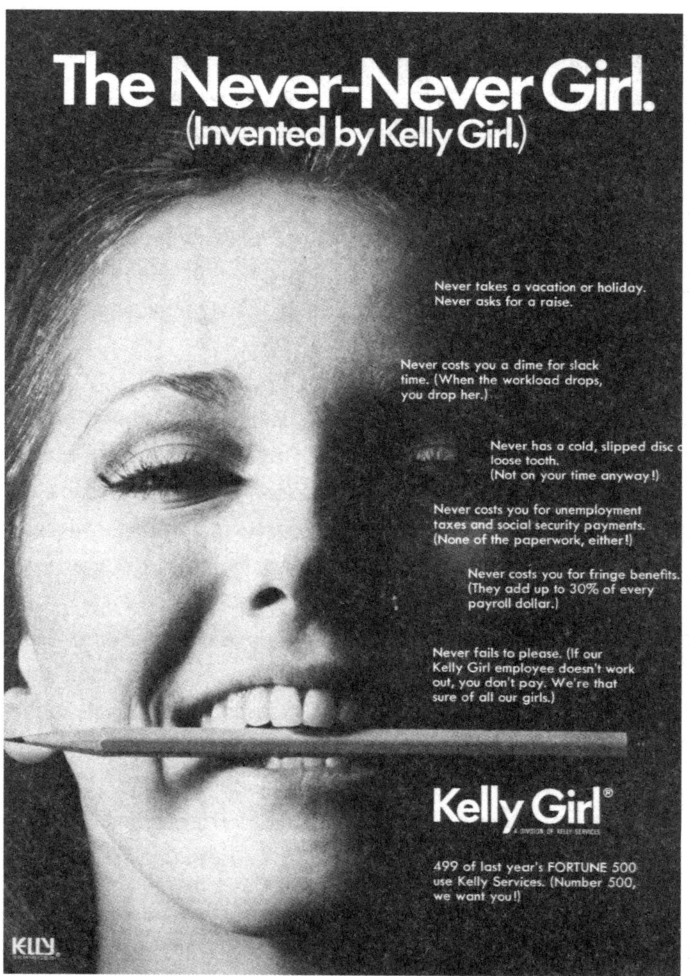

»The Never-Never Girl«, Anzeige des Personaldienstleisters *Kelly Services*.

micks aus Ausdrucks- und Denkmedium (ob als Slogan, Plattitüde, Maxime, Merksprüchlein oder Schlagwort) zeigen sich Stil und Tonalität der Erzählung bemerkenswert konsistent, egal welcher der einzelnen Charaktere gerade die Perspektive beeinflusst. Die ineinander übergehenden Sprechweisen von Selbsthilfe und Unternehmensführungsphilosophie sowie das Schablonenhafte, in der beide verbreitet werden, formen die Rhythmen des Denkens und Fühlens in *Lightning Rods* zu einem solchen Grad, dass auch alle Erzählperspektiven in einer einzigen zusammen zu kommen scheinen.

Eine Welt evozierend, in der ein chronischer Mangel an Sprache zu herrschen scheint, zirkulieren die immer gleichen Sprüche endlos zwischen Joe, Steve, Mike, Ray, Al, Ed, Louise, Elaine, Renée und Lucille,[73] als ob diese, zusammengeschlossen in einer Art »Verknüpfungsvorrichtung« aus den Gag-Filmen, unwissentlich ein einziges Wesen bilden. DeWitt nutzt so die von Pop-Psychologie und Business-Bibeln geteilte Sprache zugleich als Zeichen für Kollektivität und Entfremdung. Sie ist Teil einer Welt, in der, trotz des erhöhten Bewusstseins über die sozialen Unterschiede am Arbeitsplatz und ihrer systematischen Funktionalisierung durch das Kapital, jede Person, – egal ob männlich oder weiblich, Arbeitgeber oder Angestellte, Lightning Rod oder Kunde, Afroamerikanerïn oder weiß –, in genau denselben Schablonen und im selben begrenzten Repertoire denkt und spricht. Dies

73 Ein weiterer witziger DeWitt-Einfall: Die monofunktionalen Angestellten tragen alle einsilbige Namen (Joe, Steve, Ed, Mike, Pete, Al, Ray), während die bifunktionalen zweisilbige Namen tragen (Elaine, Lucille, Renée, Louise).

umfasst die Angewohnheit, mit sich selbst in der zweiten Person zu sprechen (»Du wirst es eh mit so Typen zu tun kriegen, egal was du machst, dann lass dich doch lieber dafür bezahlen« [Elaine]; »Nehmen wir mal an, jemand bietet dir die Chance auf die Harvard Law School zu gehen, und alles, was du dafür tun musst, ist zusätzlich zu deinem normalen Job mehrmals am Tag einen Haufen Scheiße aufzuheben, in Hygienehandschuhen« [Renée]); Verallgemeinerung aus der Perspektive »der Leute« zu formulieren (»Die Leute erwarten so etwas von einem Vorbild« [Lucille]) und die herausstechende Eigenschaft oder den Charakterzug einer Person zu isolieren (LR, 130, 176, 157). Diese letztgenannte Art zu denken und zu sprechen ist bekanntermaßen zentral für die Komödie, denn diese »sieht von allen Feinheiten einer Situation oder eines Charakters ab, ignoriert ihre psychologischen Tiefen und Motive, reduziert sie alle auf wenige ›einzige Züge‹, mit denen sie dann spielt und die sie unbegrenzt wiederholt.« (GK, 206f.) Sie dominiert den Roman merklich und ist hier bezeichnenderweise an den Beruf gebunden: »Wenn du in der Buchhaltung arbeitest, ist es dein Job, kritisch zu sein, und das kannst du nicht einfach so abstellen« [Mike]; »ein Verkäufer muss die Leute so sehen wie sie sind« [Joe]; »Wir sind Geschäftsmänner, Al, [...]. Am Ende des Tages muss man realistisch sein. Wir müssen mit den Leuten zurechtkommen wie sie eben sind, nicht wie wir sie uns wünschen.« [Steve] (LR, 76, 21, 100) DeWitts Vervielfachung des verbalen Gimmicks wirkt sich also nicht nur auf der Ebene aus, auf der dieses Experiment eingesetzt wird (d. h. auf der des Diskurses). Es beeinflusst auch das System der Figuren. Weil alle Charaktere auf genau die gleiche Art denken und sprechen, selbst wenn ihre sozialen Unterschiede für den Plot der Komödie enorm wichtig sind (zuerst als Hürden, die Joe/das Kapital überwinden muss, dann als Gelegenheiten, die er/es sich nutzbar macht), bekommen wir den Eindruck, es handele sich hier um mehr als eine Reihe von Figuren, die entweder das Kapital oder die Arbeit personifizieren. Als wolle er die Kraft der Produktion als sozial verbindende Tätigkeit unterstreichen, die diese Sozialität aber »hinter dem Rücken« ihrer handelnden Personen erschafft, vermittelt uns DeWitts Roman den Eindruck, es *gäbe nur einen Charakter*, der sich über eine Vielzahl von Knoten verteilt.

In *Lightning Rods* wie im tatsächlichen Kapitalismus setzt die Steigerung der Produktivität durch arbeitssparende Vorrichtungen die Zeitarbeit als Dauerzustand voraus und verstärkt sie. Und die Verbindung von höheren Produktivitätsgraden und gesteigerter Kontingenz von Arbeit setzt die Artikulation der Zeitarbeit als *weibliche* Arbeit voraus und verstärkt sie. Eine Frau, das dürfen wir nicht vergessen, befindet sich im Zentrum des ausgefeilten (oder doch ganz einfachen?) kapitalistischen Apparats, den DeWitts Roman so komisch für uns auseinandernimmt. Der innerste Witz von *Lightning Rods* ist einer über die mehrdeutige Temporalität der kapitalistischen Entwicklung. Zu Beginn des Romans impliziert beziehungsweise erfordert weibliche Sexarbeit Zeitarbeit; am Ende erfordert beziehungsweise impliziert weibliche Zeitarbeit Sexarbeit. Dieses X verweist auf den grundlegenden Stillstand im Zentrum der kapitalistischen Dynamik. DeWitt impliziert, dass unabhängig vom Stand der technologischen Entwicklung und auf eine Art und Weise, die erklären könnte, warum schwer zu fassen ist, wann genau der Roman spielt, das wichtigste produktivitätssteigernde Mittel des Kapitalismus das bleibt, was es immer war: kontingente-weil-feminisierte, feminisierte-weil-kontingente Arbeit.[74]

Arbeitskraft, Zeit, Wert: Die Widersprüche, die erklären, warum uns der Gimmick gleichzeitig nervt und anzieht, erklären auch, warum er praktisch jeden Aspekt des kapitalistisch organi-

---

74 Weil Timing für die Komödie alles ist, ist die Art und Weise bemerkenswert, wie sich das wachsende Verständnis der Leserïnnen für das überraschend gewöhnliche »Dahinter« von Joes arbeitssparendem Gimmick synchron mit der voranschreitenden Erzählung von dessen Normalisierung entwickelt. Es läuft außerdem synchron damit, dass uns immer deutlicher dämmert, was für eine Form der Zeit der Roman repräsentiert. Was sich anfangs wie eine Geschichte über die Zukunft liest, ist eine Geschichte der Gegenwart, aber darin nicht genau zu verorten: zum Beispiel in den 1950er Jahren (wie es die Referenz auf Joes ersten Job, den Tür-zu-Tür-Verkauf von Staubsaugern, nahelegt) oder in den frühen 1990er Jahren (wie es die Referenzen auf behindertengerechte Toiletten, PC-Feministinnen und das erstmalige Auftauchen blauer M&Ms nahelegen)? Stattdessen scheint es sich, was auch die historische Undefiniertheit des Romans im Ganzen erklären würde, um eine Geschichte aus der »permanenten Gegenwart« zu handeln, die Postone mit der »anscheinend ewigen Notwendigkeit« der Mehrwertproduktion assoziiert. Insoweit die kapitalistische Produktivitätssteigerung die konkreten Voraussetzungen der gesellschaftlichen Arbeitsstunde verändert (zum Beispiel 200 Pullover pro Stunde statt zwanzig), aber so, dass der pro Stunde produzierte Wert pro Zeiteinheit konstant bleibt, – wenn, »in dem Maße wie die Produktivitätsentwicklung die gesellschaftliche Arbeitsstunde neu bestimmt, diese Entwicklung die mit der abstrakten Zeiteinheit verbundene Form von Notwendigkeit nicht ersetzt, sondern rekonstituiert [wird]«, sodass »die Bewegung der Zeit kontinuierlich in Gegenwartszeit umgewandelt [wird]« – dann führt DeWitts von Gimmicks angetriebene Komödie des kapitalistischen Verfahrens eine erstaunlich ähnliche Umwandlung vor.

sierten Lebens durchdringt. Kommen wir mit diesem Gedanken im Hinterkopf zum Schluss, indem wir uns die finale komische Wendung in DeWitts Anatomie der kapitalistischen Form anschauen. Selbst als Joes produktivitätssteigernde Technologie Standard für alle Arbeitsplätze wird, zwingen ihn die Gesetze des kapitalistischen Wettbewerbs dazu weiter innovativ zu sein, indem er sein nun generisches Produkt durch Sonderformen von allen anderen unterscheidet. So ist Joe gezwungen, ein letztes neues B2B-Produkt zu entwickeln. Es ist ein Service, der auf Unternehmen zugeschnitten ist, die wissen, dass sie weiter das »bifunktionelle Personal« einsetzen müssen, aber auch immer kleinere Nischen-Zielgruppen bedienen wollen. Für diese Firmen liegt die Hoffnung, sich einen neuen Markt zu erschließen darin, eine neue Unternehmenspersönlichkeit auszudrücken: zu erklären, man sei in den Einstellungs- und Geschäftspraktiken den Werten von Ehe und Familie verpflichtet. Das wiederum erfordert ein Produkt, das in der Lage ist, Joes Technologie aus der kapitalistischen Arbeitswelt zu *entfernen*, wo sie so üblich geworden ist, dass sie praktisch unerkennbar ist und alle Poren des gesamten Produktionssystems durchdrungen hat. Joes abschließende Innovation ist daher ein Service, der den neuen, den Werten von Ehe und Familie verpflichteten Unternehmen garantiert, dass ihre Belegschaft zu »100 Prozent frei von Lightning Rods« ist (LR, 259) – auch wenn sie, um wettbewerbsfähig zu bleiben, immer noch aus einem durchgängigen Ring aus kontingenter Arbeitskraft besteht. Was ist diese neue besondere Dienstleistung? Eine ganz normale, altmodische Zeitarbeitsfirma, ausschließlich angeboten vom Lightning Rods-Konzern.

Der Gimmick ist solch ein weitverbreitetes, allumfassendes kapitalistisches Phänomen, so legt uns DeWitts Komik der technischen Abläufe letztlich nahe, dass seine Form sogar diesen Antigimmick umfasst: Die Fähigkeit des Kapitals, das ultimative Gerät zur Arbeitsersparnis, – eine Synthese von Dienstleistungs- und kontingenter Arbeiterïn –, in seine nun endlich de-sexualisierte, aber immer noch vergeschlechtlichte und widersprüchliche Antithese zu verwandeln.

Als J. L. Austin Ausreden und Entschuldigungen als Fundgrube für die »Feldforschung« der Ordinary Language Philosophy entdeckte, hielt er fest, »wie überaus wünschenswert es wäre, wenn sich ähnliche Fallstudien bspw. ästhetischer Fragen annehmen würden; wenn wir doch nur für einen Moment mal das Schöne beiseitelassen könnten, um uns stattdessen dem Plumpen und Possierlichen zu widmen.«[1] Mit dieser legendären Äußerung machte Austin nicht nur auf ästhetische Fragestellungen oder Begrifflichkeiten per se aufmerksam, sondern vor allem auf jene, die sich des Kleinen oder Minderen annehmen. Die Kleinheit der Begrifflichkeiten dieses Subgenres mag daher rühren, dass sie sich eher ambivalenten, diffusen und weniger intensiven Gefühlszuständen zuschreiben lassen, im Gegensatz zu den eindeutig positiv oder negativ besetzten Gefühlen von Lust/Unlust, die den Begriffen des Schönen und Erhabenen zugrunde liegen. Wir können zudem annehmen, dass ihr verhältnismäßig marginaler Status *als* ästhetische Begriffe innerhalb des etablierten Kanons der philosophischen Ästhetik aus der Tatsache herrührt, dass sie ein expliziteres, wenn nicht sogar evidentes Zeugnis ihrer geschichtlichen Kontingenz ablegen.

Während prestigeträchtigere ästhetische Begriffe wie das Schöne, das Erhabene oder das Hässliche zahlreiche *Kunst*theorien und -philosophien hervorgebracht haben, sind ver-

1 J. L. Austin, »Ein Plädoyer für Entschuldigungen«, in: ders., *Wort und Bedeutung*, München 1975, S. 177-212, (Übersetzung modifiziert).

gleichsweise junge Begriffsbildungen wie das *Niedliche*, *Glamouröse*, *Skurrile*, *Köstliche*, *Gemütliche* oder *Schräge* jedoch weit von einer derartigen Resonanz entfernt, obwohl sie, da sie sich parallel zur Konsumästhetik entfaltet haben, ironischerweise umso geeigneter scheinen, die immer komplexer werdenden Beziehungen zwischen der Kunst und der Marktgesellschaft des 20. Jahrhunderts zu untersuchen. Diese Geschmacksbegriffe, die in der Diskursgeschichte der philosophischen Ästhetik erst erstaunlich spät als eigenständige Sprachkategorie untersucht wurden (von Frank Sibley in »Ästhetische Begriffe«), vervielfachten sich im Nachkriegsamerika und -europa, und differenzierten sich dabei zunehmend aus, da Unternehmensprotagonisten, die eine Industrialisierung der modernen Ästhetik vorantrieben, auf der Suche nach einer neue Warenästhetik für die sich rapide ausweitenden Felder von Design und Werbung waren. Eine Ästhetik, die den triumphalen Beweis antreten würde, wie Benjamin Buchloh es beschreibt, »dass Massenkultur und hohe Kunst in einem radikal kommerzialisierten Bauhaus-Projekt miteinander versöhnt werden konnten«.[2] Obwohl diese angebliche Versöh-

---

2 Benjamin H. D. Buchloh, »Andy Warhol's One-Dimensional Art«, in: *Neo-Avantgarde and Culture Industry. Essays on European and American Art from 1955 to 1975*, Cambridge MA 2000, S. 467. In seinem klassischen Aufsatz »Ästhetische Begriffe« argumentiert Sibley, dass, während es üblich und »legitim« sei, sich bei der Anwendung eines ästhetischen Begriffs auf ein Objekt damit zu behelfen, die Präsenz nicht-ästhetischer Eigenschaften zu zitieren, dieses Verfahren in der Umkehrung nicht funktioniert: »Es gibt keine hinreichenden Bedingungen, keine nicht-ästhetischen Merkmale derart, daß das Vorhandensein einer Reihe oder einer gewissen Anzahl von ihnen, die Anwendung eines ästhetischen Terminus logisch rechtfertigen und außer jeden Zweifel setzen könnte.« (Frank Sibley, »Ästhe-

nung von Moderne und Massenkultur oder von Kunst und Alltag durch die Konsumästhetik eine ist, die »von allen politischen und ideologischen Implikationen der künstlerischen Erneuerung für kollektiven gesellschaftlichen Fortschritt gereinigt worden ist« (AW, 467), scheinen sich ästhetische Begriffe wie das *Ulkige*, das *Kuriose* oder sogar das *Moderne*, die genuin von der Kulturindustrie entworfen und entwickelt wurden, trotzdem als ausgesprochen praktische Verkapselungen einer gewissen Art von Versöhnung anzubieten. Denn, ob nun klein oder nicht, was alle Geschmacksbegriffe erfassen, ist die einfache Tatsache, dass man zwar nicht unbedingt eine ästhetische Beziehung zu Kunstwerken haben muss, man aber sehr schnell eine ästhetische Beziehung zu Gegenständen entwickeln kann, die *keine* Kunst sind, insbesondere zu den kunstvoll gestalteten, verpackten und beworbenen Waren, die uns alltäglich umgeben. Wie uns Gertrude Stein in *Tender Buttons/Zarte Knöpfe** erinnert, kann sogar

---

tische Begriffe« [1959], in: Rüdiger Bittner, Peter Pfaff (Hg.), *Das ästhetische Urteil. Beiträge zur sprachanalytischen Ästhetik*, Köln 1977, S. 87-110, S. 90.). Im Gegensatz zu anderen Sprachformen sind ästhetische Termini also nur negativ konditioniert, was bedeutet, dass zwar keine Beschreibung der nicht-ästhetischen Eigenschaften eines Objekts (wie detailliert oder erschöpfend sie auch sein mag) die Behauptung zulässt, dass ein bestimmter ästhetischer Terminus deshalb auf dieses Objekt zutreffen muss, dass aber das Vorhandensein bestimmter nicht-ästhetischer Merkmale dazu verwendet werden kann, die Anwendung eines bestimmten ästhetischen Begriffs auszuschließen. Wie Sibley bemerkt: »Es kann zum Beispiel unmöglich sein, ein Ding als grell zu bezeichnen, wenn es nur in blassen Pastelltönen gehalten ist, oder als flammend, wenn alle seine Linien gerade sind.« (a.a.O., S. 91)

* Die Zitate aus *Tender Buttons* stammen aus *Zarte Knöpfe*, übers. v. Marie-Anne Stiebel, Frankfurt a. M. 1979 [ZK], oder, je nach Kontext,

ein Käse »gutaussehend« sein und ein Esstisch »bezaubernd«, genauso wie eine Statue schön oder »kurios« sein kann.

Wie *possierlich* und *plump* zeugen auch Begriffe wie *gutaussehend* und *bezaubernd* von der weitverbreiteten und ziemlich diffusen Natur der »ästhetischen Beziehung«, für die manche Philosophïnnen Kant heranziehen, um sie als eine besondere Art der Aufmerksamkeit konzeptualisieren zu können, die sich ausschließlich auf die Erscheinung oder »Anschauung« eines Gegenstandes richtet (im Gegensatz zu seiner Herkunft, seiner Identität oder seiner Funktion) und von einer Beurteilung begleitet wird, die auf den negativen oder positiven Empfindungen basiert, die seine Wahrnehmung hervorruft. Für George Santayana, Gérard Genette und andere sind diese Werte »objektiviert« oder auf den Gegenstand zurückprojiziert. Sie werden behandelt, »als ob« sie eine Eigenschaft des Gegenstands wären oder eine »gegenständliche Eigenschaft wie jede andere«.[3] Nun ist es aber ziem-

---

aus *Tender Buttons. Zarte knöpft*, übers. v. Barbara Köhler, Frankfurt a. M. 2004 [Zk].

3 Gérard Genette, *L'Œuvre de l'art, 2. La relation esthétique*, Paris 1997. In Genettes Ästhetik ist es genau dieser phantasmatische Akt der Objektivierung (die entscheidend von einem »als ob« abhängt), der das herstellt, was Genette die »ästhetische Illusion« nennt, und sogar die »ästhetische Beziehung« selbst. Genettes Gleichung (ästhetische Beziehung = illusorische Objektivierung) führt hier Kants Argument in der Dritten Kritik fort, dass Subjektivismus und Anspruch auf Universalität Geschmacksurteilen inhärent sind, die auf »interesselosem Wohlgefallen« beruhen, um es provozierend herauszustellen. Nach Kant sind wir gezwungen, »vom Schönen [so zu] sprechen, *als ob Schönheit eine Beschaffenheit des Gegenstandes* und das Urtheil logisch (durch Begriffe vom Objecte eine Erkenntniß desselben ausmachend) wäre; ob es gleich nur ästhetisch ist und bloß eine Beziehung der Vorstellung des Gegenstandes auf das Subject

lich schwierig, kleine ästhetische Begriffe überhaupt als diese Art Begriffe zu erkennen, die Beurteilungen enthalten, und sich dadurch von nicht-wertenden Adjektiven wie *rot* oder *rund* unterscheiden. Tatsächlich ist es eines der Probleme mit dem Possierlichen und dem Plumpen, dass diese Begriffe überhaupt nicht als »ästhetische« gelten. Auch wenn es eher unwahrscheinlich ist, dass Austin Steins Methode im Blick hatte, sich diesen Angelegenheiten zuzuwenden – »Das was nicht so gefällig ist und nicht ausgedehnt und wirklich nicht so eingestippt wie delikat und wirklich delikat, eine Delikatesse, nicht derart delikat essen und Delikatesse.« (ZK, 51) – werde ich im Folgenden vorschlagen, dass Stein und andere Avantgardedichterinnen ein sehr spezifisches Interesse hatten, in dieses weitgehend unerforschte Feld vorzudringen, auf das Austin unsere Aufmerksamkeit richten wollte, und zwar durch die selektive Fokussierung auf einen Geschmacksbegriff, den man als Resultat einer unzulässigen Kreuzung der beiden Beispiele Austins betrachten könnte.

Auf den ersten Blick könnte nichts in stärkerem Gegensatz zum traditionellen Verständnis der literarischen Moderne oder der Avantgarde stehen als die »kulinarische« Vorstellung von Niedlichkeit. Während Niedlichkeit ein Geschmacksbegriff ist, der

---

enthält«, weil das subjektive Geschmacksurteil Universalität fordert. (Hervorh. S. N.; zitiert nach Immanuel Kant, »Kritik der Urtheilskraft«, in: ders., *Werke*, AA, Abt. 1, Band V., Berlin 1968, S. 186. Genette bezieht sich für seine Beschreibung ästhetischer Erfahrung als einer trügerischen Objektivierung zwar direkt auf Kant, erinnert aber auch an Friedrich Schillers Konzept des *Scheins* [i. O. Deutsch], die erscheinungsartige Qualität, die Schiller allen Kunstwerken zuschreibt, ungeachtet ihrer Bestrebungen nach Realismus oder um Wahrscheinlichkeit.

nicht völlig im Kitsch aufgeht (niedliche Objekte können natürlich kitschig sein, aber nicht jedes kitschige Objekt ist niedlich), entstammt er doch fraglos der visuellen Warenästhetik, und nicht den Sprachkünsten. Und während das Avantgardistische üblicherweise als scharf und pointiert, als kompromisslos und innovativ imaginiert wird, besitzen niedliche Dinge keine Ecken und Kanten, die der Rede wert sind. Schließlich sind sie weich, rund und werden eng mit dem Kindlichen und dem Femininen assoziiert.[4]

Solcherart Assoziationen tauchen bereits in der vielsagenden Liste der Wortverwendungen auf, die das *Oxford English Dictionary* erstellt hat, welche 1857 mit einem weiblichen Ausruf beginnt (*Virginia Illustrated*: »›Was für niedliche kleine Socken!‹ sagte die Frau«), sich dann einem Kommentar zuwendet, der die nationale Besonderheit des Begriffes um 1900 adressiert (*Daily News*: »Ein kleines und kompaktes Haus, das Amerikaner wohl ›niedlich‹ nennen würden.«) und für die Nachkriegszeit die folgenden zwei Zitate von Aldous Huxley anführt: »Der winzige Junge ... fast unanständig ›niedlich‹ aussehend in seinem burgunderfarbigen Wams und dem gestärkten Kragen« (*Grey Eminence* [1944]), und »ein französischer Akzent, so ausgeprägt, so unanständig ›niedlich‹, so stark an das frivole Geschnatter von Pariser Fräuleins erinnernd wie man es von englischen Komödienbühnen kennt« (*Time Must Have A Stop* [1945]).[5] Die hier suggerierte Erzählung, wenn wir vom frühen in das mittlere 20. Jahrhundert wechseln, ist die der Ausdehnung der Anwendbar-

---

4 Ich danke Judith Goldman für diese Beobachtung.

5 *Oxford English Dictionary*, siehe »cute«.

keit des Begriffs »niedlich« von Dingen auf Personen, besonders auf (sozial) verkleinerte Personen (der »winzige Junge« und das junge »Fräulein«). Die Wertigkeit des Niedlichen scheint sich parallel zu dieser Verschiebung zu erweitern: vom eindeutig positiven (den hübschen Socken) zum mehrdeutigen oder potenziell negativen (der unanständige Junge). Obwohl Niedlichkeit am offenkundigsten mit der körperlichen Erscheinungsform von Personen und Dingen verbunden ist, wird deutlich, dass sie auch zunehmend mit einem »piepsenden« Sprachgebrauch oder -stil identifiziert wird, der als weiblich, oder als kulturell bzw. national andersartig markiert ist.

Angesichts seiner Assoziation mit den Freuden des Konsums, einschließlich des Spektrums der ästhetischen Erfahrung, das sich in den Begriffen Adornos vom »Kunstgenuss« bis zur »Einverleibung« erstrecken und die Kunst in eine unangenehme Nähe zu »Erzeugnissen der Küche oder der Pornographie« bringen kann,[6] ist leicht nachvollziehbar, warum Kritikerïnnen so große Anstrengungen unternehmen, das Thema Niedlichkeit zu *vermeiden*, wenn sie über Steins Poetik im Verhältnis zur Hochmoderne sprechen. Tatsächlich werden die Eigenschaften, die der Begriff *niedlich* umfasst, immer dann aufgerufen, wenn zeitgenössische Kritikerïnnen wie H. L. Mencken Steins Schreiben auf das »anstößig-frivole Geschnatter« der Mutter Gans vom Montparnasse reduzieren, – auf das, was Wyndham Lewis abschätzig ihre »kindliche Persönlichkeit« und allgemein als primitiven »Kindlichkeitskult« der Moderne im frühen 20. Jahrhunderts bezeich-

---

6 Theodor W. Adorno, »Ästhetische Theorie«, in: ders., *Gesammelte Schriften*, Bd. 7, Frankfurt a. M. 2019, S. 26f. [ÄT]

nete.[7] Nach Mark McGurl dient der Kindlichkeitskult, den Lewis hier anführt, als »Beleg dafür, dass selbst die ›intellektuellsten‹ literarischen Projekte, wie das Gertrude Steins, von der »hysterischen Hirnlosigkeit« des Massenmarktes durchdrungen seien« – einer Sphäre voller Vergnügungen, gekennzeichnet von Sentimentalität, Prunk und »der vollständigen Abwesenheit von jeglicher Bedrohung«.[8] Aber auch wenn Niedlichkeit für Stein, wie wir sehen werden, ein prächtiges Vergnügen ist, ist sie alles andere als preziös oder harmlos. Unsere literaturkritische Angewohnheit, in dieser Hinsicht zu übersteuern, und uns nicht einzugestehen, – sogar im Fall eines Werks, das den Titel *Zarte Knöpfe: Dinge, Essen, Räume* trägt* –, dass es in Steins Schreiben tatsächlich etwas Niedliches gibt, sogar etwas »unanständig Niedliches«, verweist auf die anhaltende Peinlichkeit, die Niedlichkeit insbesondere für die *Poesie* darstellt. Denn als literarische Gattung, die vor allem, wenn auch nicht ganz zutreffend, mit kleinen und kompakten Texten assoziiert wird, war Lyrik schon immer dazu gezwungen, ihr Verhältnis zur Niedlichkeit auf eine Art und Weise auszuhandeln, wie es für andere literarische Formen und Gattungen, wie zum Beispiel den Roman, nicht erforderlich war. Und

---

7 Wyndham Lewis, »The Revolutionary Simpleton«, in: *The Enemy*, Nr. 1 (Januar 1927), Reprint, hg. v. David Peters Corbett, Santa Rosa CA 1994, S. 75-76; zit. n. Mark McGurl, *The Novel Art: Elevations of American Fiction after Henry James*, Princeton NJ 2001, S. 8.

8 Ebd., S. 6. Die »vollkommene Abwesenheit von jeglicher Bedrohung« ist Kanako Shiokawas Definition von Niedlichkeit. Vgl. Kanako Shiokawa, »Cute but Deadly: Women and Violence in Japanese Comics«, in: John A. Lent (Hg.) *Themes and Issues in Asian Cartooning: Cute, Cheap, Mad, and Sexy*, Bowling Green OH 1999, S. 93-125.

* oder: *Zarte knöpft. Gegenstände, Futter, Räume* (Köhler, 2004)

dies gilt ganz besonders für gewisse Traditionsstränge moderner und avantgardistischer Lyrik, von den Imagistïnnen und Objektivistïnnen zu den Black Mountain- und New York School-Lyrikerïnnen, die sich auffällig intensiv mit kleinen, handlichen und alltäglichen Gegenständen beschäftigt: William Carlos Williams' Pflaumen und Kupferbänder, Lorine Niedeckers Granithalde, Robert Creeleys Felsen, John Ashberys Kakaodosen, Bernadette Mayers Puffweizen-Müsli, Thomas Sayers Ellis' Ballonhund.[9]

Obwohl das Verhältnis von Niedlichkeit und Avantgarde-Poetik den Schwerpunkt dieses Essays bildet, erscheint es mir äußerst wichtig, das ästhetische Konzept zuerst in seinem dominierenden, dem kommerziellen Kontext zu betrachten.

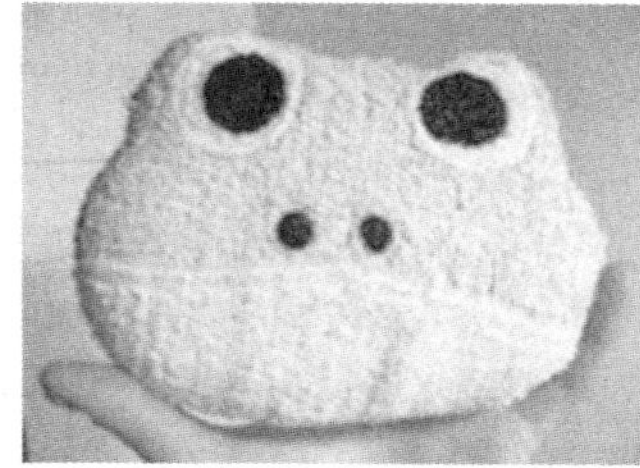

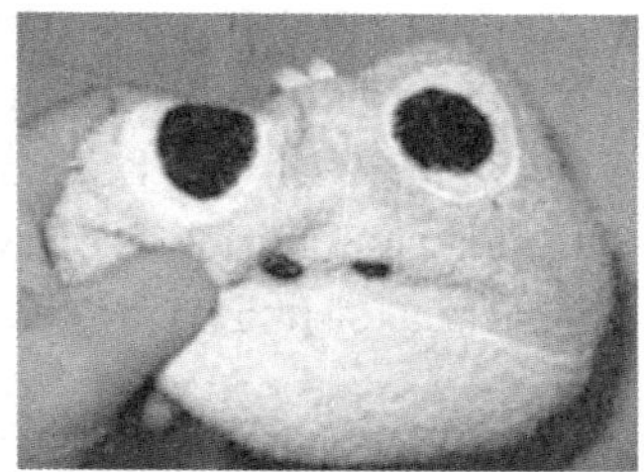

Um ein alltägliches, einfach zugängliches Beispiel für kommerziell hergestellte Niedlichkeit zu zitieren: Dieser kleine, stuffige Nippes, ein Badeschwamm in Froschform, zeigt, wie sehr diese Ästhetik von einer Weichheit abhängt, die einlädt, sie anzufassen – oder, um ein provokanteres Verb zu benutzen: sie zu betatschten. Es zeigt auch, wie wichtig Anthropomorphismus für die Niedlichkeit ist. Aber obwohl dem Ding ein Gesicht und ein

---

9 Vgl. Bill Brown, *A Sense of Things. The Object Matter of American Literature*, Chicago Il 2003, S. 2-8.

überbetonter Blick verliehen wurden, ist besonders auffallend, wie stilistisch vereinfacht und sogar ungeformt sein Gesicht ist, als wäre Niedlichkeit eine eigenständige Art des Primitivismus.

Wirklichkeitsnähe und Genauigkeit sind bei der Herstellung niedlicher Dinge ausgeschlossen, die einfache Umrisse und wenig bis gar keine Verzierungen oder Details besitzen.[10] Je kleiner und gestalterisch unbestimmter oder tropf-artiger das Objekt ist, desto niedlicher wird es – zum Teil, weil Kleinheit und Tropfartigkeit höhere Formbarkeit und damit eine bessere Handhabbarkeit suggerieren. Der Badeschwamm macht das besonders gut deutlich, denn er soll gegen den Körper gepresst und gequetscht werden.

Von hier aus ist es nur noch ein kleiner Schritt, um zu erkennen wie die formalen Eigenschaften, die mit Niedlichkeit assoziiert werden – Kleinheit, Kompaktheit, Weichheit, Einfachheit und Biegsamkeit – bestimmte Affekte aufrufen: Hilflosigkeit, Bemitleidenswürdigkeit und sogar Verzagtheit. In gewissem Sinne könnte man also sagen, dass der kleine, mindere Geschmacksbegriff der Niedlichkeit den Prozess, durch den alle Geschmacksbegriffe gebildet werden, und damit das ästhetische Verhältnis, das sie alle erfassen, abbildet. Denn abgesehen davon, dass es sich um einen kleinen ästhetischen Begriff handelt, bei dem es grundsätzlich um das Kleine geht (in einer Weise, wie es beispielsweise beim Begriff des Glamourösen nicht der Fall ist), ist es für Niedlichkeit entscheidend, dass das verkleinerte Objekt eine Art Herumschubsbarkeit ausstrahlt. Das heißt, dass es das

10 Vgl. Shiokawa, »Cute but Deadly«, a.a.O., S. 97.

Aussehen eines Objekts hat, das nicht nur geformt, sondern unter dem Druck des Gefühls oder der Haltung des Subjekts ihm gegenüber nur allzu leicht *ver*formt werden kann. Während das glamouröse Objekt diese Ausstrahlung auf keinen Fall haben darf (tatsächlich würde der Meta-Aspekt, auszusehen als wäre Aussehen etwas, das man ihm auferlegt habe, den *Schein** des Glamourösen sofort durchbrechen), verstärkt das Bewusstsein des Subjektes davon, dass es dem kleinen Objekt, das es gerade anschaut, seine Niedlichkeit aufdrängt, eher die ästhetische Illusion als von ihr abzulenken; indem es die Aufmerksamkeit auf den ungewöhnlichen Grad von Synonymität zwischen Objektivierung und *Verniedlichung* lenkt.

Daraus lässt sich bereits erkennen, wie Niedlichkeit genauso schnell abstoßende und aggressive Gefühle hervorrufen kann wie die erwarteten zärtlichen oder mütterlichen. Denn durch seine gesteigerte Passivität und Verletzbarkeit ist das niedliche Objekt ebenso häufig dazu gedacht, die sadistischen Wünsche der Konsumentïnnen nach Kontrolle und Herrschaft zu befriedigen wie ihr Begehren, zu kuscheln. Keiner arbeitet das klarer heraus als Daniel Harris. Über Little Mutt, einen »Teddybär mit lahmem Bein, der sogar mit einem orthopädischen Schuh ausgestattet war«, schreibt Harris, »dass der Prozess, dem Betrachter Niedlichkeit zu vermitteln, seine Objekte entmachtet, sie in lächerliche Situationen zwingt und sie dümmer und vulgärer erscheinen lässt, als sie tatsächlich sind.« Deswegen sind Dinge dann am niedlichsten, wenn »ihnen ein Missgeschick passiert oder sie

---

* i. O. Deutsch.

besonders tollpatschig sind: Winnie-the-Pooh mit seiner Schnauze im Bienenkorb .... Lieb-mich-Bärchi aus dem *Glücksbärchis*-Film, der uns traurig unter einem Farbeimer hervor anschaut, der ihm über den Kopf gekippt wurde.«[11] Als Ästhetisierung des Kleinen, Verletzbaren und Hilflosen ist Niedlichkeit als Geschmackseigenschaft, wenig überraschend, zuallererst und vor allem an Produkten ausgerichtet, die für Kinder gestaltet werden.

Das Auftauchen des industriell hergestellten Plüschtiers, das Harris als das emblematische niedliche Objekt aufruft, lässt sich auf das neugewonnene Bewusstsein für die Aggressivität von Kindern zurückführen, das die Psychologie im 20. Jahrhunderts ermöglicht hat.[12] Dass Kinder nicht länger als Miniatur-Erwachsene imaginiert wurden oder als naturhaft gute oder tugendhafte Wesen, veranlasste die Hersteller, unzerstörbares Spielzeug zu produzieren, das die Gewalt überstehen würde, mit der Kinder zunehmend assoziiert wurden. Bemerkenswert ist daher das überraschend späte Auftreten des Plüschtiers in der Geschichte der amerikanischen Spielzeugindustrie. Obwohl selbstgemachte Stoffpuppen seit der Kolonialzeit dafür benutzt wurden, Mädchen hauswirtschaftliche Fähigkeiten zu lehren, hatte man Puppen in den Jahrzehnten nach dem Bürgerkrieg, in denen sich der Aufstieg der amerikanischen Spielwarenindustrie vollzog, fast ausschließlich aus harten Materialien gefertigt; ihre leicht zerbrech-

---

11 Daniel Harris, *Cute, Quaint, Hungry, and Romantic. The Aesthetics of Consumerism*, New York NY 2000, S. 5-6.

12 Vgl. Antonia Fraser, *A History of Toys*, London 1966. S. 224. Über den Einfluss der neuen Kinderpsychologie auf Möbel- und Industriedesign, vgl. Adrian Forty, *Objects of Desire*, New York, 1986, S. 67-72.

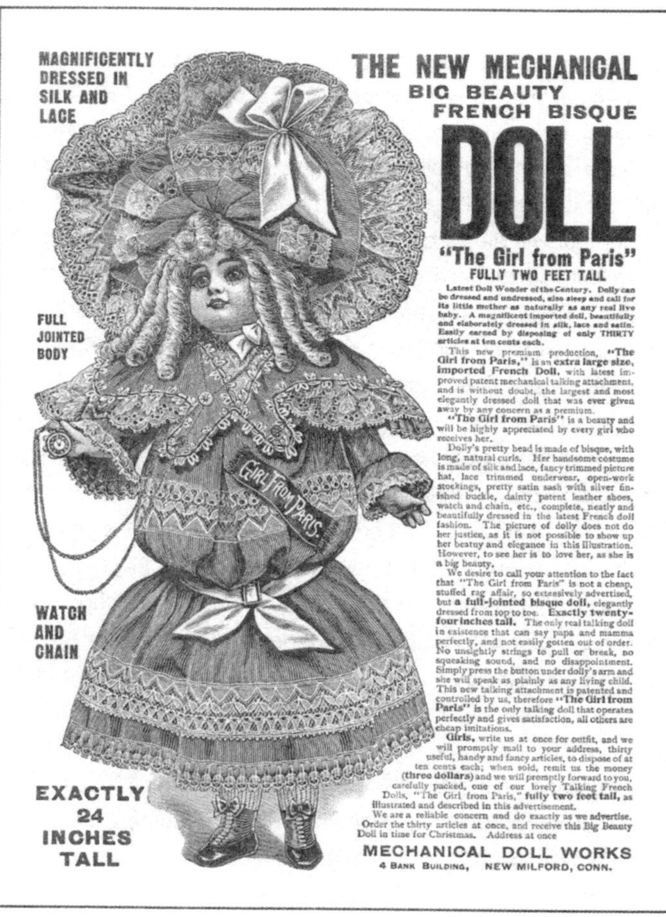

lichen, fein bemalten Köpfe aus Biskuit-Porzellan sind auf Körper montiert, die aus Holz, Weißblech, Stahl, und sogar aus »galvanisiertem Blech« gemacht sind.[13] Wie die voll bewegliche, sehr kunstvoll gestaltete, sprechende Big Beauty, die von der American Mechanical Doll Works Company 1895 beworben wurde, waren die meisten dieser Puppen mechanisch oder maschinenartig.

Doch wie Miriam Formanek-Brunell zeigt, ist die Bevorzugung von harten Materialien im Puppendesign des späten 19. Jahrhunderts sowie die Nachbildung der Bewegungen des menschlichen Körpers anstelle seiner Haptik und Textur weniger Resultat des Versuchs der amerikanischen Spielzeugindustrie, die neuen Erkenntnisse über das Wesen des modernen Kindes umzusetzen, als vielmehr der Effekt einer von männlichen Unternehmern dominierten Industrie, die völlig fasziniert von Technologie und dem Scientific Management des Produktionsprozesses waren – dazu zählte auch Thomas Edison, der seine eigene Fabrik zur Herstellung phonographischer Sprech-Puppen hatte (s. MP, 41). Formanek-Brunell kontrastiert das Scientific Management der Spielzeugindustrie mit dem »mütterlichen Materialismus« der Macherinnen aus der Reformpuppen-Ära wie Martha Chase, die durch die Massenproduktion von Stoff- und Trikotpuppen schließlich »Weichheit, Tragbarkeit, Haltbarkeit und Sicherheit« als Wertorientierungen wieder in den amerikanischen Puppenmarkt einführte (MP, 68). Aber obwohl die Chase Company ihr Puppendesign explizit an der neuen Einstellung zu Kindern und zum Spielen ausrichtete (und dadurch zu einer grundsätzlichen Verschiebung von der Darstellung erwachsener Frau-

13 Miriam Formanek-Brunell, *Made to Play House. Dolls and the Commercialization of American Girlhood, 1830-1930*, New Haven CT 1993, S. 45. [MP]

en zu der von Kleinkindern beitrug), folgten ihre Puppen immer noch einem Standard realistischer Darstellung, der dem Aspekt des Niedlichen komplett entgegensteht, den Harris betont. Selbst das stilistisch noch weiter vereinfachte »großäugige, rundgesichtige und pausbäckige New Kid«, das im ersten Jahrzehnt des 20. Jahrhunderts durch die Campbell Kids und Rose O'Neills Kewpies popularisiert wurde, strahlt eine physische Tatkraft aus, die ihr Erscheinen zu einem weiteren Moment in der Geschichte der amerikanischen Alltagskultur macht, in der die vollständige Umsetzung von Niedlichkeit seltsam aufgeschoben wirkt (MP, 90). Weit davon entfernt, hilflos oder zaghaft zu erscheinen, wurden die Kewpies als energische Sozialreformer!nnen dargestellt, die Kinder retten und sogar Mütter im angemessenen Umgang mit Kindern unterrichteten, wie Formanek-Brunell zeigt, während die Campbell Kids genauso unermüdlich Suppe verkauften. Erst nach dem Ersten Weltkrieg, lange nach der Erfindung des Teddybären, kommt massenhaft Spielzeug auf den US-amerikanischen Markt, das im eigentlichen Sinne einer Ästhetik der *betonten Hilflosigkeit und Verletzlichkeit* »niedlich« gestaltet ist.

In gewisser Weise ist es nicht überraschend, dass in der Kulturindustrie einer Nation, die so sehr auf Bilder von der eigenen Größe, Männlichkeit, Gesundheit und Stärke gründet, eine Ästhetik der Unscheinbarkeit, Hilflosigkeit, Verletzlichkeit und des Deformierten keine herausragende Rolle spielt. In Japan hingegen, dem Inselstaat, der sich seiner schwindenden militärischen und ökonomischen Macht insbesondere im Vergleich zu den Vereinigten Staaten bewusst geworden war, entwickelte sich diese Ästhetik (*Kawaii*) nach dem 2. Weltkrieg schnell und hatte großen Einfluss auf die gesamte Kultur; nicht nur auf den japanischen Spielzeugmarkt, sondern auch auf Industriedesign, Printmedien, Werbung, Mode, Lebensmittel und sogar die Automobilindustrie. Es gibt, mit anderen Worten, geschichtliche Gründe dafür, dass eine Ästhetik, die um ein unscheinbares, hilfloses oder deformiertes Objekt kreist, *das die Gewalttätigkeit seiner Produktion als solche in den Vordergrund stellt*, für die Kultur der einen Nation ideologisch bedeutsamer erscheint und sich deshalb dort schneller verbreitet als in der anderen. In diesem Sinne führt der Kunstkritiker Noi Sawaragi die Faszination Nachkrieg-Japans für *Kawaii* nicht nur auf das verringerte Selbstwertgefühl als Weltmacht zurück, sondern auch auf das politische Image des Kaisers in der parlamentarischen Demokratie: »In den letzten Monaten seiner Amtszeit hatte Kaiser Hirohito ein schwaches, hinfälliges Image. Ein alter sterbender Mann ist das schwächste aller Geschöpfe [...]. Bei seinem Volk war Hirohito sehr beliebt, *weil* er ein niedlicher alter Mann war.«[14]

Behält man im Blick, was Kanako Shiokawa über den beispiellosen Aufschwung der Popularität von *Kawaii* während der Expansion der japanischen Kulturindustrie in den 1960er Jahren

---

14 Sawaragi fährt fort: »In gewissem Sinne war diese Niedlichkeit politisch neutral, in einem anderen Sinne war sie kontrollierend. Könnte man das nicht eher ›Herrschen durch Niedlich sein‹ nennen als ›Herrschen durch Macht‹?« (Noi Sawaragi, »Dangerously Cute: Noi Sawaragi and Fumio Nanjo Discuss Contemporary Japanese Culture«, in: *Flash Art*, Nr. 163, (März/April 1992), S. 75). Eine Etymologie des Begriffs *kawaii* von seiner klassischen Verwendungsform in Texten wie Murasakis *Die Geschichte des Prinzen Genji* zu seiner Expansion im Industriezeitalter und besonders in den späten 1960er Jahren vgl. Shiokawa, »Cute but Deadly«.

sagt, überrascht es nicht, dass ein selbstbewusstes In-den-Vordergrund-Stellen der Gewalt, die diese Ästhetik untermauert, die Werke von Yoshitomo Nara und Takashi Murakami durchzieht – japanische Künstler, die in den 1960ern aufgewachsen sind und in den 1990er Jahren ihre ersten Ausstellungen hatten. Ihr Werk ermöglicht es uns, Niedlichkeit in ihrer analytisch beziehungsweise theoretisch besonders ausgefeilten Form zu begreifen.[15] Ob als Zeichnungen, Gemälde oder wie in jüngster Zeit vor allem als Skulpturen, werden Naras großäugige Kinder häufig als verstümmelt und verwundet oder als bestürzt und verzweifelt dargestellt – wie hier sowohl in der titellosen Zeichnung zu sehen ist, wo die Wörter »Black Eye, Fat Lips, and Opened Wound« (Blaues Auge, dicke Lippe und offene Wunde) unter dem Bild eines typischen kleinen Nara-Mädchens zu lesen sind, als auch in *Slight Fever* (Leichtes Fieber), einem Bild aus einer Serie von Acrylgemälden auf weißen Plastiktellern.

---

15 Ausgehend von der Beliebtheit der beiden Künstler und der Warenästhetik des *Kawaii* im Allgemeinen in den USA ist klar, dass sich über die Ideologie der amerikanischen Begeisterung für etwas, das man als unverwechselbare japanische Niedlichkeit wahrnimmt, genauso viel sagen ließe wie über die Faszination Japans damit.

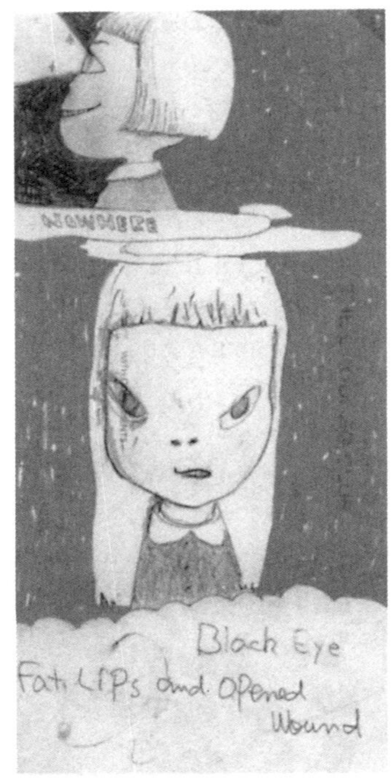

Nara, Zeichnung, o. T. (2001)

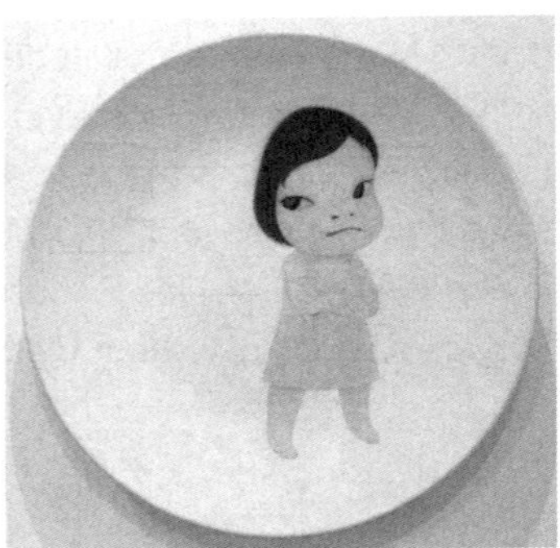

Nara, *Slight Fever* (2001)

In seinem Bezug zu Essbarem leistet der Plastikteller für Naras Bilder von verletzten oder verstümmelten Kindern mehr als ein normaler Bildgrund. Indem er auf den Ausdruck »Du bist so süß, ich könnte *dich auffressen*!« anspielt, treibt Nara die Verwendung von Objekten aus dem Bereich des Essbaren für seine Untersuchung von *Kawaii* in *Fountain of Life* (Jungbrunnen) auf die Spitze: eine Skulptur aus sieben anscheinend vom Körper abgetrennten

Puppenköpfen, die in einer überdimensionierten Teetasse nebst Untertasse aufeinandergestapelt sind, und aus deren geschlossenen Augen Tränen (Wasser) laufen.

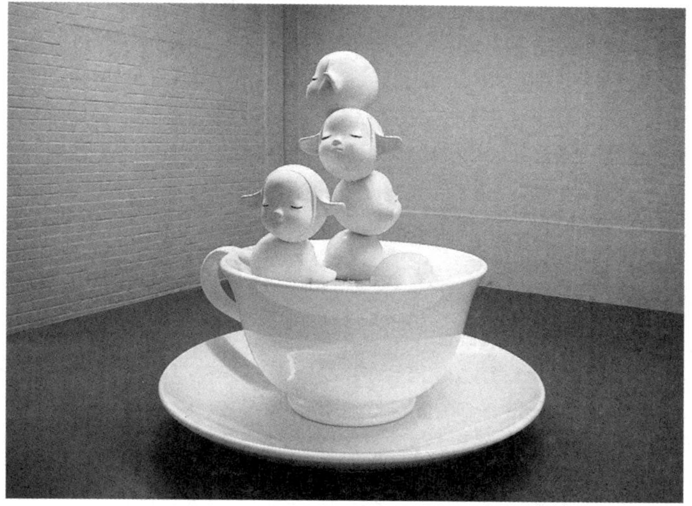

Nara, *Fountain of Life* (2001)

Der aggressive Wunsch, das niedliche Objekt zu beherrschen und zu unterwerfen, der vom niedlichen Objekt anscheinend hervorgerufen wird, und den Nara in seiner Arbeit durch die Verbindung zwischen Niedlichkeit und Essen deutlich macht, findet seine Entsprechung in der Konsumkultur in den Figuren von San-X, einer unkonventionelleren, moderneren Version von Sanrio, dem Unternehmen, das die ikonische Hello Kitty-Figur erschaffen hat. Eine der 2005 beliebtesten Figuren von San-X ist Kogepan, ein leicht angebranntes, niedergeschlagen wirkendes Brötchen. Auf der Website von San-X wird Kogepan als »ein Brötchen, das wegen seines Angebranntseins ein Miesmuffel geworden ist ... und dem ständig negative Bemerkungen rausrutschen wie ›Du wirfst mich eh weg!‹« beschrieben. Kogepan wird nicht nur manchmal mit angebissenem Kopf abgebildet, sondern backt auch Miniversionen von sich selbst.[16] Kogepans offensichtlicher Abjekt-Status und sein gleichzeitiges Potenzial für Grausamkeiten gegen noch nicht voll-ausgebildete Kogepans legen nahe, dass der ultimative Index für die Niedlichkeit eines Objekts seine Essbarkeit sein könnte. Diese Verbindung wird durch eine unbetitelte Zeichnung Naras von 2001 unterstrichen, die eines seiner stilistisch vereinfachten Kinder zeigt, das aus einem Paket mit der Aufschrift »JAP IN THE BOX« (JAPS AUS DER KISTE) springt, und die damit auch die Rolle von Niedlichkeit für das Merchandising und die attraktive Präsentation rassifizierter Unterschiede sichtbar macht.

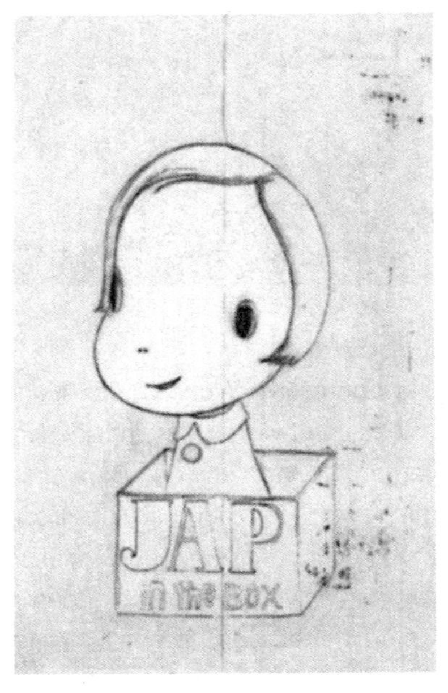

Nara, Zeichnung, o. T. (2001)

16 Mehr zu Kogepan findet sich unter www.san-x.co.jp/pan/nenpyou.html

Hierin liegt eine doppelte Ironie, denn Nara ist wie sein Künstlerkollege und Medienliebling Takashi Murakami selbst ein Verkaufsgenie.[17] In der Nachfolge von Andy Warhol stechen beide Künstler heraus, da sie die ohnehin schon schmale Trennlinie zwischen Kunst und kommerzieller Ware in einer Marktgesellschaft weiter verwischen. Auch wenn man Nara-Puppen, -Wecker, -Armbanduhren, -Postkarten, -Aschenbecher, -T-Shirts und natürlich -Teller kaufen kann, ist es wohl eher noch Murakami, der diese Möglichkeiten am weitesten ausgereizt hat: Und das nicht nur, indem er Ramsch- und Luxuswaren nach seinen Gemälden und Skulpturen (einschließlich einer Handtaschenkollektion für Louis Vuitton im Frühjahr 2003) produzierte, sondern durch die Erfindung von Mr. DOB, einer rot-blauen, maus-ähnlichen Figur, die ursprünglich ein riesiger Kopf und ein winziger Mund auszeichneten war und die Murakami in den frühen 1990er Jahren urheberrechtlich schützen ließ.[18] Laut Murakamis eigener Aussage geschaffen,

---

17 Als Beispiel sei das namensgebende Werk einer jüngeren Einzelausstellung von Nara genannt: »I DON'T MIND IF YOU FORGET ME«, das aus Kunststoffbuchstaben besteht, die den Satz auf Englisch buchstabieren. Jeder der transparenten Kunststoffbuchstaben ist mit Stoffpuppen gefüllt (insgesamt über 1.000 Stück), die von 375 Fans nach von Nara entworfenen Kinder und Tierfiguren handgenäht und ihm ausdrücklich zur Verwendung in der Installation zur Verfügung gestellt wurden. Vgl. Yoshitomo Nara, *I Don't Mind if You Forget Me*, Ausstellungskatalog, Yokohama Museum of Art, 2001.

18 Laut Amanda Cruz ließ sich Murakami dazu zumindest teilweise vom Geschäftssinn des amerikanischen Filmregisseurs George Lucas inspirieren, dessen Weitsicht beim urheberrechtlichen Schutz der eigenen Figuren es ihm erlaubte, seine Filme selbst zu finanzieren. Wie Cruz feststellt, »zirkulieren mittlerweile kaum veränderte Fälschungen von Murakamis extrem beliebt gewordenen Figuren, weil Japans laxer Urheberrechteschutz in einer Gesellschaft, die Rechts-

»um hinter das Erfolgsgeheimnis [...] solcher Figuren wie Micky Maus, Sonic the Hedgehog [...] Hello Kitty und ihrer billigen Kopien aus Hongkong zu kommen«, wird Mr. DOB oft lachend gezeigt, wie im Gemälde *DOB with Flowers*, wo er inmitten einer »Landschaft« anthropomorphisierter Pflanzen sitzt, die genauso glücklich sind wie er.

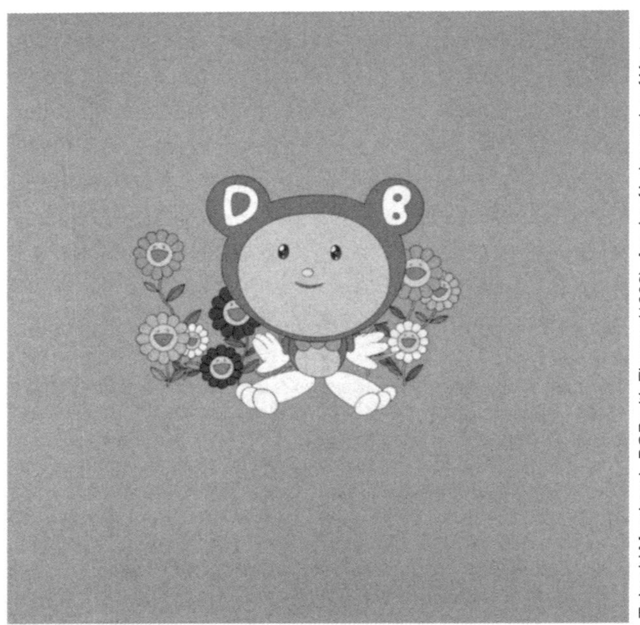

Takashi Murakami, *DOB with Flowers* (1998). Acryl auf Leinwand, auf Karton montiert. 40,5 x 40,5 x 4,5cm. Courtesy Blum and Poe, Los Angeles. ©1998 Takashi Murakami/Kaikai Kiki Co., Ltd. Alle Rechte vorbehalten.

streit eher scheut, nicht durchgesetzt wird«. Amanda Cruz, »DOB in the Land of Otaku«, in: Takashi Murakami, *The Meaning of the Nonsense of the Meaning*, Ausstellungskatalog, Annandale-on-Hudson NY, Center for Curatorial Studies Museum, 1999, S. 16.

Auch wenn die Sache in der Installation *DOB in the Strange Forest* etwas anders aussieht, in der DOB sich in einer unheimlichen, implizit unheilschwangeren Umgebung wiederfindet, die ihn eher verwirrt und verängstigt als zufrieden zeigt, bleiben die bedrohlichen Objekte – vieläugige und entstellte Pilze, die an den Atompilz der auf Hiroshima und Nagasaki abgeworfenen Bomben erinnern – doch so niedlich wie DOB und die lächelnden Blumen, die ihn im vorherigen Gemälde umringen.

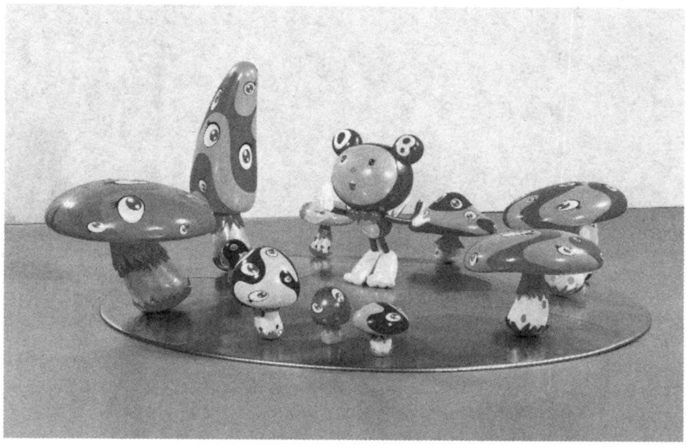

Takashi Murakami, *DOB in the Strange Forest* (1999). Installationsansicht PARCO, Tokyo. FRP-Harz, Glasfaser und Acryl. 152 x 304 x 304 cm. Courtesy Marianne Boesky Gallery, N.Y. ©1999 Takashi Murakami/ Kaikai Kiki Co., Ltd. Alle Rechte vorbehalten.

In *And Then and Then and Then and Then and Then* dagegen, einem knapp 3,00 x 3,00 Meter messenden Acrylbild, erscheint DOBs Niedlichkeit zweifelhaft oder gestresst, unter anderem durch die riesenhaften Proportionen des Bilds und die Tatsache,

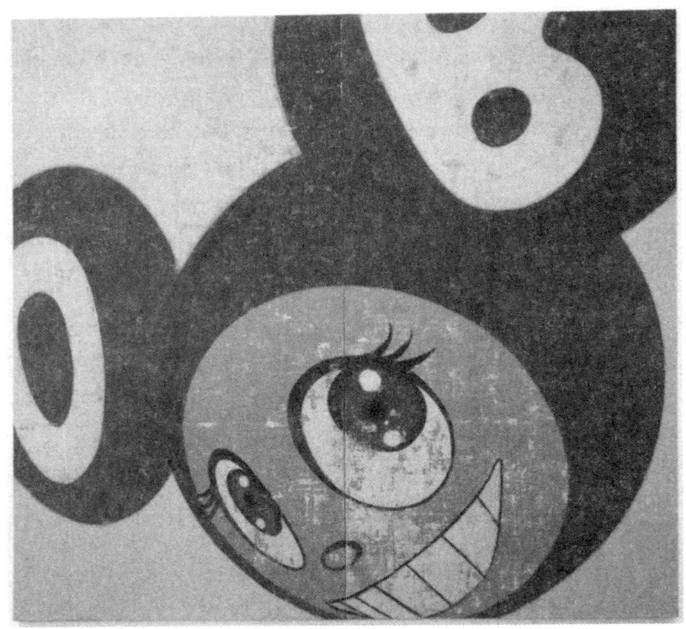

Takashi Murakami, *And Then, and Then and Then and Then and Then* (1996). Acryl auf Leinwand, auf Karton montiert. 300 x 300cm. Courtesy Blum and Poe, Los Angeles.

dass er hier die Zähne bleckt. Das überraschend bedrohliche Aussehen, das DOB in diesem Gemälde annimmt, (und das zu einem Wortspiel zwischen den klangverwandten Worten *kawaii* und *kowai*, was furchterregend bedeutet, verleitet), wird in späteren Arbeiten noch gesteigert, – wie in *GuruGuru*, einem mit Helium gefüllten Plastikballon mit fast 2,70 Meter Durchmesser, und *The Castle of Tin Tin*, einem 3,00 x 3,00 Meter großen Acrylbild.

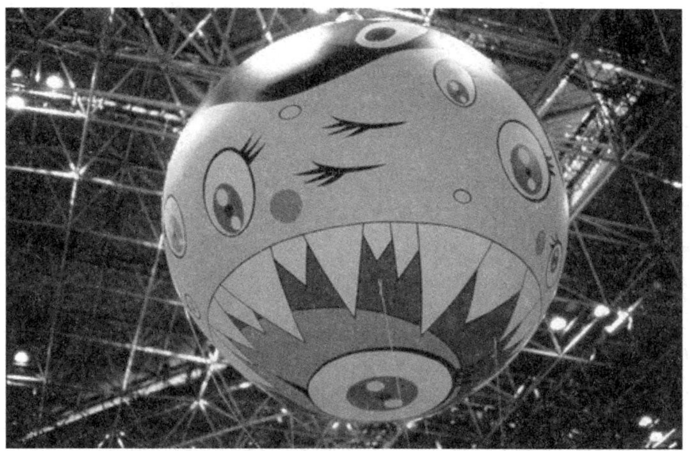

Takashi Murakami, *Guru Guru* (1998). Vinylchlorid und Helium. 338 x 269 x 269 cm. Courtesy Tomio Koyama Gallery. ©1998 Takashi Murakami/Kaikai Kiki Co., Ltd. Alle Rechte vorbehalten.

Auf diesen Bildern scheint DOB nur noch aus Augen, Zähnen und Blasen zu bestehen, jedoch bleiben das charakteristische D und B des Namens auf den Ohren der Figur weiterhin lesbar. Beide Arbeiten, die die Grenzen zwischen *kawaii* und *kowai* verwischen, sind tatsächlich nur zwei von hunderten zunehmend entstellten und deformierten Permutationen, denen Murakami den Original-DOB seit seinem Debut in einem Gemälde von 1993 unterzogen hat. Während also Niedlichkeit sich üblicherweise durch die völlige Abwesenheit von Bedrohlichem auszeichnet, wie Harris betont, indem er darauf hinweist, dass gebrechliche und versehrte Objekte am niedlichsten wirken, lenkt Murakami mit seiner stilistischen Verstümmelung von DOB die Aufmerksamkeit auf die

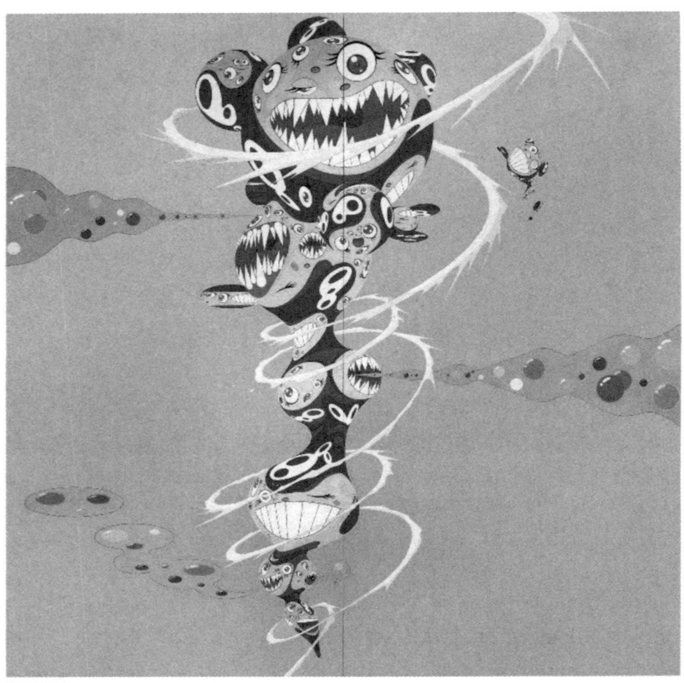

Takashi Murakami, *The Castle of Tin Tin* (1998). Acryl auf Leinwand, auf Karton montiert. 300 x 300 cm (2 Tafeln). Courtesy Blum and Poe, LA/ Tomio Koyama Gallery, Tokyo. ©1998 Takashi Murakami/Kaikai Kiki Co., Ltd. Alle Rechte vorbehalten.

Gewalt, die unserem Verhältnis zum niedlichen Objekt immer innewohnt, während er es gleichzeitig für den Betrachter bedrohlicher macht. Je deutlicher DOB als Aggressionsobjekt oder -opfer erscheint, desto stärker erscheint er selbst als *Agent* der Aggression. Murakamis DOB-Projekt suggeriert, dass ein niedliches Objekt *gleichzeitig hilflos und aggressiv* sein kann. Es ließe sich sogar sagen, dass der Begriff des Niedlichen diese paradoxe Doppeldeutigkeit immer schon einschließt – etwas, das sogar kommerziellen Produzentinnen von Niedlichkeit wie San-X bewusst zu sein scheint. Kogepans Knuddeligkeit scheint nicht im Geringsten durch seine Fähigkeit gefährdet oder in Frage gestellt zu sein, die kleineren Kogepans ge- und missbrauchen zu können, die er entweder wie Nahrung oder wie Haustiere behandelt.

Obwohl es die visuellen oder bildlichen Transformationen DOBs sind, die dieses Paradox in den Vordergrund rücken, leitet sich Murakamis Figur nicht von einem Bild, sondern von einem Wort ab: aus der Synthese von *dobozite*, – einem Slang-Ausdruck für Warum? (*doshite*), der durch eine zeitgenössische Manga-Figur popularisiert wurde, die für ihren »seltsamen Akzent« und ihre falsche Aussprache bekannt ist (ähnlich wie das Geschnatter von Huxleys Pariser Fräulein) –, und *oshamanbe*, einem bekannten Ausruf des japanischen Comedians Toru Yuri, ein Kalauer aus dem Namen einer Stadt und der sexuellen Konnotation der Silbe *man*.[19] Murakamis anfängliche Wortspielereien mit *dobozite* und *oshamanbe* resultierten nicht in einer Zeichnung oder einem visuellen Prototyp für die Mr. DOB-Figur, sondern in einer Werbetafel, auf dem die beiden wiederholten Wörter ein Oval bilden. Die Arbeit, schließlich DOBOZITE DOBOZITE OSHAMANBE (1993) betitelt, wurde explizit für eine Ausstellung zur Rolle des Jargons in der Konsumkultur geschaffen: »Der

19 Die Manga-Figur ist Noboru Kawasakis Inakappe Taishō, vgl. Takashi Murakami, »Life as a Creator«, in: Takashi Murakami, *Summon Monsters? Open the Door? Heal? Or Die?*, Ausstellungskatalog Tokio, Museum of Contemporary Art, 2020, S. 130-147.

Plan der Ausstellung [*Romansu no Yube* / ›Romantischer Abend‹] war eine Untersuchung der Angewohnheit, an das Namensende [jedes japanischen Produktes] ein ›Z‹ oder ›X‹ als betonten Suffix anzuhängen – von Bier bis hin zum Manga-Titel, wie beispielsweise *Asahi Z*-Bier oder der Manga *Dragonball Z*. Warum sind diese Produkte so beliebt? Ich schaffte es etwas zu produzieren, das unter dem Budget blieb, und grübelte die ganze Zeit über die Seltsamkeiten der japanischen Sprache nach.«[20] DOB, das perfekte Beispiel für Niedlichkeit in all ihrer Gewalttätigkeit, ist also vielmehr das Ergebnis einer Untersuchung der Sprache der Konsumkultur, nicht ihrer Bildwelt. Tatsächlich führt Murakami DOBs Ursprung auf seine eigene Abneigung gegen die »anglisierte Pseudo-Wortkunst«, die in Japan durch die verspätete Rezeption der Arbeiten der amerikanischen Künstlerinnen Jenny Holzer und Barbara Kruger populär geworden war. »DOB war mein Versuch, die von mir verachtete Kunstszene zu zertrümmern.«[21] Nun, wo wir den Ursprung eines durch und durch niedlichen Objektes aus einer Form des Wortspiels kennen, die andere Ausprägungen der »Word Art« als Gegner begreift – und wie der Verweis auf Holzer und Kruger nahelegt, insbesondere eine explizit »engagierte« amerikanische Wortkunst –, können wir nun den Fokus von der Bedeutung des Niedlichen in der visuellen Kultur auf seine Rolle in Sprache und Poesie zu verschieben.

Da *cute* (niedlich), wie uns das *Oxford English Dictionary* wissen lässt, durch die Aphärese von *acute* (scharf, spitz) entstan-

---

20 Ebd., S. 132-133.

21 Ebd., S. 132.

den ist, wiederholt also die Etymologie des englischen Wortes für Niedlichkeit, *cuteness*, in gewisser Weise die Verkleinerungslogik der Ästhetik, die es bezeichnet, da ein Wort bei der Aphärese seine unbetonte Anfangssilbe verliert, sodass eine verkürzte Version entsteht: *lone* entsteht aus *alone*, *til* aus *until*. Doch besteht zwischen *cute* und den anderen Beispielen für Wörter, die als bequem abgekürzte Versionen ihrer ursprünglichen Bedeutung fungieren, ein grundlegender Unterschied. Denn während Niedlichkeit eine Ästhetik des Runden und Weichen ist, die sich noch verstärkt, wenn ihre Gegenstände als erschöpft oder schläfrig dargestellt werden,[22] bedeutet das Wort *acute* scharfkantig oder spitz zulaufend, während *acuteness* Eigenschaften wie geistige Beweglichkeit, Scharfsinn und Wachheit bezeichnet. So ist *cute* beispielhaft für eine Situation, in der das Verkleinern, Verdichten oder Verniedlichen eines Wortes eine unheimliche Verwandlung hervorruft, bei der sich seine Bedeutung in das exakte Gegenteil verkehrt. Wenn wir das in der DOB-Serie in Szene gesetzte Hin- und Herschwanken der Machtbeziehungen widerspiegeln, stoßen wir auf eine alltäglichere Version dieser dialektischen Umkehrung in der Tatsache, dass prototypisch niedliche Objekte – Babys, Welpen und so weiter – oft eine deverbalisierende Wirkung auf die Subjekte haben, die ihnen Niedlichkeit auferlegen. Indem das niedliche Ding eine Reaktion in Form von Gemurmel oder Gegurre hervorruft, zeigt es seine Fähigkeit, die Sprache seiner Verkindlicher zu verkindlichen. Syntaktische Trennungen verschmelzen und das eigene Voka-

---

22 Vgl. Harris, *Cute, Quaint, Hungry, and Romantic,* a.a.O., S. 7.

bular wird auf Onomatopoeia reduziert.[23] So ist zum Beispiel bemerkenswert, wie sich Steins sowohl bewundernde als auch kritische Rezensentïnnen anscheinend dazu genötigt fühlen, sich

23 In seinem »verweichlichenden« Effekt auf die Betrachterïnnen erinnert das Niedliche an Edmund Burkes Konzept der Schönheit, die wirkt, »indem sie die Grundfesten des ganzen Systems erschlaffen läßt« und das Empfinden auslöst, »man sei ermattet, [...] dahingeschmolzen.« (Edmund Burke, *Vom Erhabenen und Schönen. Philosophische Untersuchung über den Ursprung unserer Ideen vom Erhabenen und Schönen*, Hamburg 1989, S. 192. [ES] Es gibt also bereits ein gewisses Verständnis von Schönheit als »niedlich« (zumindest bei Burke), bevor das Wort als ästhetischer Begriff selbst überhaupt auftaucht. Auf Erfahrungsbasis definiert als eine Eigenschaft von Objekten und näher bestimmt durch Kleinheit, Weichheit, und »nicht aus winkeligen Teilen« oder Rundheit, ist Schönheit mit der »Idee von Schwäche und Unvollkommenheit« verbunden, was in Burkes Diskussion der Schönheit »im weiblichen Geschlecht« am deutlichsten zutage tritt. Burke schreibt: »Frauen wissen das recht gut; aus diesem Grunde üben sie sich darin, zu lispeln, unsicher zu laufen und den Anschein von Schwäche und sogar von Krankheit zu bieten. Zu alledem werden sie von der Natur angeleitet. *Schönheit in der Not ist vielfach die eindrucksvollste Schönheit.*« (ES, 149, Hervorh. S. N.). Zusätzlich zu den inneren Empfindungen des Schmelzens und der Mattigkeit, die Schönheit hervorruft, sind auch Burkes Beschreibung der körperlichen Effekte bemerkenswert, die Schönheit bei ihrem Betrachter hervorruft: »Wenn wir solche Objekte vor uns haben, die Liebe und Zufriedenheit erregen, ist der Körper, soweit ich beobachten konnte, zumeist in folgender Weise affiziert: der Kopf ist etwas nach einer Seite geneigt, die Augenlider sind mehr als gewöhnlich geschlossen [...]« (ES, 192). Die Person, die bei Burke von der Schönheit berührt wird, nimmt letztendlich einen Ausdruck an, den wir heute als niedlich bezeichnen würden. Ließe sich daraus nicht schließen, dass Niedlichkeit einfach die »neue« Form von Schönheit (zumindest in Burkes Verständnis) ist? Wenn ja, liefert sein Text noch einen weiteren Beleg dafür, wie die Begegnung mit dem niedlichen Objekt das Subjekt verniedlicht.

ihrer Sprachweise anzugleichen, und sich darüber hinaus an dieser schlechten Nachahmung auch noch zu ergötzen, selbst wenn sie als Spott gedacht ist: »Babble, baa, baa, Bull«,[24] »ihre Kunst ist die raffinierte Weiterentwicklung des kindlichen ›Dutzi-Dutzi-Wau-Wau‹.«[25] Ganz ähnlich wie Huxley sich seine Neologismen wie »orgy-porgy« und »bumble-puppy« auf der Zunge zergehen lässt, während er damit gleichzeitig die, wie Adorno sie nennen würde, »genießerischen« oder »Küchen-« Genüsse seiner *Schönen neuen Welt* angreift, scheint es so kultivierte amerikanische Literaten wie H. L. Mencken dazu zu drängen, sich Wörtern wie »Quatsch« zu bedienen, wenn sie Steins »Gebrabbel« abwertend kommentieren.[26] Tatsächlich führt der Prozess der verbalen Verniedlichung, den die ästhetische Erfahrung des Niedlichen zu provozieren scheint, auf das Wort »*cute*« (niedlich) selbst zurück und erzeugt kleinere Versionen seiner selbst: Das Substantiv *cutie* (Süßer/Süße), das Adjektiv *cutesy* (süßlich, süß) und sogar das Adjektiv *cutesy-poo* (super-süß, krass niedlich) finden sich alle im *Oxford English Dictionary*.

Es ist klar geworden, dass *Niedlichkeit* zusätzlich zu ihrer Fähigkeit, die verschleierten oder latenten Aggressionen eines Subjekts gegenüber einem verletzlichen Objekt in offene Gewalt zu verwandeln, auch die Bezeichnung für die ästhetische Begeg-

---

24 Isaac Goldberg, »As a Critic Has a Headache. A Review in Synthetic Form of the Works of Gertrude Stein, Past, Present, and to Come«, in: Kirk Curnutt (Hg.), *The Critical Response to Gertrude Stein*, Westport CT 2000, S. 256.

25 Henry Seidel Canby, »Cheating at Solitaire«, ebd., S. 81.

26 H. L. Mencken, »Literary Survey«, ebd., S. 248.

nung mit einem übersteigerten Machtgefälle ist, das etwas mit unserem normalen Kommunikations- und Sprechverhalten macht. Genauer gesagt, benennt der Begriff die Beziehung zu einem sozial deklassierten Anderen, welches die Sprache des Subjektes, das diesem Anderen die ästhetische Eigenschaft *aufdrängt*, aktiv verändert und so einer Phantasie Vorschub leistet, das niedliche Objekt könne zurückschlagen, deren Erkundung sich, wie wir sahen, Murakami widmet. Diese Phantasie wirft ein neues Licht auf die Vielzahl weiblicher und heimeiliger »kleiner Dinge« in *Zarte Knöpfe*, – Tasse und Untertasse, ein Unterrock, ein Kissen, ein Schal, eine Geldbörse –, die als »verletzt« bezeichnet werden, aber eben auch »begeistert [andere Dinge ihrer Art] verletzen«, ganz ähnlich wie Kogepan sich zu seinen Lieblingen verhält. Stein schreibt: »Ein weh ein reparierter Stock, ein weh parierter becher, ein wehparierter gegenstand besondrer ent- und anspannung, ein weh pariert, weh und reh pariert ist so notwendig kein fehler intendiert.« (Zk, 67) Tatsächlich scheint »weh und repariert« so beabsichtigt oder »notwendig« für das Projekt der *Zarten Knöpfe* zu sein wie für den humpelnden, bandagierten Little Mutt. In der Welt dieses Gedichtes, wo sogar Tassen »eine hausauster« brauchen (Zk, 77), nimmt das typische Murmeln oder Gurren über das niedliche Ding die Form eines säuselig-wisperigen »Ach, ach« an. Durch den gesamten Text von *Zarte Knöpfe* scheint diese Äußerung an Objekte gerichtet zu sein, die sie allein wegen ihrer Kleinheit hervorzurufen scheinen: »Ach, ach der Klüngel, ach die Klingel, ach die Porzellanküste, ach *das kleine*« (ZK, 63, Hervorh. S. N.). Oder wenn Stein in »KÜKEN« gurrt: »ach eine dumme pute« (Zk, 87). Die

Welt der *Zarten Knöpfe* ist eine, in der es – ach, ach – »missbrauch von Käse« gibt. Aber es ist auch eine voller Lärm von »Mampfer-Mampfern«, ein aggressives Motiv, das in »EINE NEUE TASSE UND UNTERTASSE« wiederkehrt: »Begeistert eine wolkige gelbe Knospe und Untertasse verletzend, begeistert so ist der Biß im Band.« (ZK, 23)

Genauso wie DOB erschreckend scharfe Zähne bleckt, beißt Steins Band zu. Diese »süße«, aber bissige »Trimmung« unterstreicht wie *gewalttätig* das Vergnügen ist, das das Niedliche bereitet, und steht damit nicht nur mit der lesbischen Erotik von *Zarte Knöpfe* im Einklang, sondern auch mit dem, was ich hier als niedliche Erotik kennzeichnen will. Stein schreibt: »Was ist der Sinn eines heftigen Entzückens wenn es keinen Spaß macht dessen nicht müde zu werden.« (ZK, 10) Die rhetorische Frage suggeriert, dass das Vergnügen, das uns niedliche Dinge offerieren, zum Teil in ihrer Fähigkeit besteht, die schlechte Behandlung zu überstehen, ganz ähnlich wie es Mr. DOB – eine Figur, die erfunden wurde, um das Phänomen des »Erfolgsgeheimnisses« zu ergründen – schafft, seine eigenen gewaltsamen Verformungen zu überstehen.

Die von Murakami und Stein geteilte Faszination für die Ästhetik des Niedlichen zeigt eine überraschende Affinität zwischen Stein und Andy Warhol auf, dem Murakamis Werk wohl am meisten verdankt.[27] Diese Verbindung zwischen zwei Künstler:innen,

---

[27] Ausdrückliche Warhol-Referenzen finden sich überall in Murakamis Werk: von seinen Blumen, die Warhols *Flowers* aufrufen, über die Gasballon-Version von DOB, die auf die *Silver Clouds* anspielt, bis zu der Statue des verzückt masturbierenden Jungen, deren Titel *My Lonesome Cowboy* sich auf Warhols *My Hustler* und seine Serie

die üblicherweise nicht miteinander in Beziehung gesetzt werden, kann dabei helfen zu verstehen, warum sich Stein für den Geschmacksbegriff des Kleinen interessiert, da sie ein Schlaglicht auf einige Aspekte ihrer Beziehung zum Markt und zur Avantgarde wirft, die oft allzu kurz kommen. Sowohl Stein als auch Warhol haben sich neben ihrer jeweiligen Bevorzugung von Wiederholungen und seriellen Formen und ihrem Interesse an der Darstellung alltäglicher Gegenstände für Porträts von Berühmtheiten interessiert, – eine Parallele, die Steins oft festgestellten Mangel an dem unterstreicht, was man Antiwarenförmigkeits-Affekt nennen könnte, genauso wie ihre gleichermaßen fehlende Abneigung gegenüber Begriffen wie »Meisterwerke« und »Genie«, die üblicherweise Zielscheiben avantgardistischer Attacken sind.[28] Auch wenn ihr Mangel an *anti-* in diesen Bereichen keineswegs ihre Zugehörigkeit zur Avantgarde in Frage stellt, scheint Stein, wenn es um die Konsumkultur geht, öfter eher eine positive Einstellung einzunehmen, wo wir eher eine negative erwarten würden; doch könnte man auch argumentieren, in Ergänzung zu Adornos Warnung, dass negative Affekte nicht sicherstellen, dass Kunstwerke ihre kritische Funktion erfüllen, dass Stein sich dafür interessiert, wie Kunstwerke von positiven

---

Lonesome Cowboy bezieht.

28 Natürlich definiert Stein »Meisterwerk« in *The Geographical History of America* (New York NY 1936) und *What Are Masterpieces* (Los Angeles CA 1940) aktiv neu, in dem sie den Begriff radikal von den Themen Zeit und Identität trennt. Ich möchte an dieser Stelle nur klarstellen, dass der Begriff Meisterwerk, anders zum Beispiel als der des Manifests, an sich kein Avantgardebegriff oder keine Avantgardekategorie ist.

Affekten angetrieben werden, ohne zwangsläufig *affirmativ* zu werden.

Steins Warholismus avant la lettre verdeutlicht vor allem, dass *Zarte Knöpfe* zwar immer noch zum Angriff der modernen Avantgarde auf die Gefühligkeiten der Konsumkultur gehört, aber nicht, weil der Text mit den Tropen des Niedlichen so umgeht wie zum Beispiel T. S. Eliot mit denen der populären Musik in *Das wüste Land* oder Williams mit der Sprache des Boulevardjournalismus in *Paterson*, – was in beiden Fällen die Distanz des eigenen Vorhabens zu den jeweiligen kulturellen Formen markiert. Auch wenn die Unterscheidung zwischen Appropriation und Partizipation bekanntermaßen schwierig zu treffen ist, ist es doch Warhols bestens bekannte Errungenschaft, ein Werk geschaffen zu haben, das sich genau um diese Schwierigkeit dreht und sie in bis dato ungekannter Weise in das Zentrum der Debatten um den Begriff der Kunst *an sich* stellt. *Zarte Knöpfe* nimmt diese Leistung vorweg, indem der Text es schafft, die Niedlichkeit zu bespielen und gleichzeitig niedlich zu sein, – ganz ähnlich wie Warhols unheimliches Talent Kunst zu machen, die in der Lage ist, dekorative Hübschheit gleichzeitig zu kommentieren und hübsch zu sein (*Flowers*), einfältige, bovine Fröhlichkeit zu kommentieren und selbst einfach fröhlich zu sein (*Cow Wallpaper*), oder ein Kommentar auf die Kälte und Nüchternheit von Gebrauchsanweisungen und gleichzeitig eine gut lesbare Gebrauchsanweisung zu sein (*Dance Diagrams, Do It Yourself*).[29]

---

29 *Hübschheit, Fröhlichkeit, Nüchternheit:* Ich lese Warhols eigenes Werk nicht nur als eine Meditation über Kunst und ihre Beziehung zur Warenform, sondern als Befragung der Konstruktions- und Funktions-

Wenden wir uns kurz einem weiteren Beispiel zu – diesmal von einem Autor der späten Moderne Mitte des 20. Jahrhunderts – um unsere Darstellung von Niedlichkeit zu erweitern (und um Steins mimetischen und zugleich konstruktiven Umgang damit weiter zu erhellen): Francis Ponges »Die Kartoffel«. Eingedenk der frühen Verbindung Ponges zu den Surrealisten in den 1920er Jahren, jener internationalen Avantgarde, die vor allem für die Verfremdung des Alltäglichen bekannt ist, spiegelt die Deformation, die die heimeligen Gegenstände in diesem Gedicht »ertragen«, das wider, was wir bei Mr. DOB gesehen haben. Offensichtlich unfähig zum Selbstschutz, werden beide »von Zuckungen befallen, durcheinandergeschüttelt, beschimpft«, um ganz genau herauszufinden, ob »sie mit ihrer Gestalt davonkommen«. In diesem Sinne hebt »Die Kartoffel« einen wesentlichen Aspekt dessen hervor, was wir als Niedlichkeit bezeichnen: die Fähigkeit des Objektes der Gewalt zu widerstehen, die seine eigene Passi-

---

weise von Geschmacksbegriffen, und zwar besonders von kleinen. Dieser Zugang zu Warhols Projekt scheint bereits in Buchlohs folgender Beobachtung zu schlummern: »[I]n seiner frühen Karriere als Werbekünstler zeigt Warhol all die abgegriffenen und ausgelaugten Eigenschaften des ›Künstlerischen‹, die Werbeleute liebten: das Skurrile und das Geistreiche, das Hinterhältige und die falsche Naivität« (AW, 470). Entgegen der Vorstellung, dass dies nur eine Phase des Übergangs vom professionellen Illustrator zum Galerie-Künstler gewesen sei, möchte ich argumentieren, dass Warhols Auseinandersetzung mit solchen Eigenschaften *als Eigenschaften* im Laufe seiner Karriere die Form einer wohl durchdachten, methodischen Untersuchung annimmt. Tatsächlich ließe sich so erkennen, warum Warhol genau diese »Eigenschaften des ›Künstlerischen‹«, die »Art Directors und Werbeleute« schätzten, gewählt hat, um sich der Frage nach dem Status der Kunst in einer Konsumgesellschaft zu nähern.

vität hervorzurufen scheint. Man könnte das die Gewalt der Domestizierung oder der »Verzartung« nennen:

> Diese Zähmung der Kartoffel durch eine zwanzigminütige Behandlung mit kochendem Wasser ist recht merkwürdig (gerade jetzt, während ich schreibe, kochen vor mir – es ist ein Uhr morgens – Kartoffeln auf dem Herd). [...]
>
> Ein Heidenlärm läßt sich vernehmen: das Wasser kocht. Es gerät in Zorn, ist zumindest auf dem Gipfel der Unruhe. Wütend löst es sich in Dampf auf, schäumt, brüht sogleich, pfeift und zischt: kurz und gut, es ist höchst aufgeregt auf diesen glühenden Kohlen.
>
> Meine Kartoffeln, die da drin schwimmen, werden von Zuckungen befallen, durcheinandergeschüttelt, beschimpft, bis aufs Mark durchtränkt.
>
> Zweifellos gilt der Zorn des Wassers nicht ihnen, doch sie müssen seine Auswirkungen ertragen, – und da sie sich nicht freimachen können von dieser Umgebung, werden sie tiefgreifend von ihr verändert [...].
>
> Zu guter Letzt bleiben sie erledigt oder zumindest sehr abgekämpft darin liegen. Wenn sie mit ihrer Gestalt davongekommen sind (was nicht immer der Fall ist), sind sie gar, sind sie gefügig geworden.[30]

Wie das »Gebrabbel« schon nahelegt, das Steins Kritiker vermittels der aggressiven Bemühungen, ihr Schreiben zu »domestizieren« (es schmackhafter, leichter verdaulich zu machen), unab-

---

30 Francis Ponge, *Stücke, Methoden. Ausgewählte Werke, Teil 2*, übers. v. Gerd Henninger, Frankfurt a. M. 1968, S. 85, 87.

sichtlich produzieren, lässt sich Niedlichkeit als eine ästhetische Erfahrung beschreiben, die Sprache anfälliger für Verformungen macht – jedoch auch für Verwandlungen. Auf vergleichbare Weise wird das poetische Schreiben in »Die Kartoffel« mit der Handlung gleichgesetzt, kleine, runde, kompakte Objekte in einem wilden »Heidenlärm« »bis aufs Mark« zu durchtränken, der sie »gar« und »gefügig« macht. Leichter zu verformen, (miss-)brauchbarer, und, gewissermaßen, niedlicher.

Auch in *Zarte Knöpfe* werden die Dinge als »so mühelos gebuttert und bemuttert« (Zk, 63) dargestellt, und zwar so sehr, dass »EICREME« »weh [hat], wehe wenn« (Zk, 81) und »ein Teller der eine kleine Delle hat, alle von ihnen, jeder so« (ZK, 32); tatsächlich »schaudert« in der Welt von Steins Gedicht »[e]in kleines genannt irgendwas [...] schaurig.« (ZK, 28) Ponges wiederholten Gebrauch von kleinen Dingen als Metaphern für Wörter und Gedichte vorwegnehmend, richtet *Zarte Knöpfe* die Aufmerksamkeit auf die »Zartheit« von Sprache in einem umfassenderen Sinne und zeigt, wie Grammatik selbst einer »Hitze« unterworfen werden kann, die »lockert«, »schmilzt« und »Flecken« erzeugt: »Essen er heiss essen er heiss es essen, er heiss es heisses essen.« (Zk, 91) Und doch scheint dieser Prozess der »Verzartung« auch Unheilvolleres zu erzeugen: »Lockerheit, warum ist da ein Schatten in der Küche, da ist ein Schatten in einer Küche weil jedes kleine Ding größer ist.« (ZK, 41) Steins Beobachtung »schmelzen ist übertreiben« (ZK, 40) eignet sich auch als Beschreibung für die Art, wie die individuellen Züge von Mr. DOB immer monströser betont werden, je stärker sein ursprünglich kompakter Körper deformiert oder »zusammengeschmolzen«

wird. »Der ganze Fleck ist zart«, schreibt Stein zum Ende von »ROASTBEEF«, aber »[d]as Resultat das reine Resultat ist Saft« (ZK, 45), während »eine Ähnlichkeit, jede Ähnlichkeit, eine Ähnlichkeit [...] Blasen [hat], sie hat das und Zähne, sie hat das blinde tappen« (ZK, 53). Indem es die ordinäre, auf die Sinneswahrnehmung bezogene Bedeutung von *Geschmack* herbeiruft, die wie Pierre Bourdieu und andere bereits angemerkt haben, immer wiederkehrt, um den ästhetischen Diskurs heimzusuchen, scheint der Meta-Geschmacksbegriff von *Zarte Knöpfe* nicht nur die Darstellung reizender Objekte einzufordern, sondern auch das Bild von etwas weniger leicht Konsumierbarem: ein von Bläschen übersätes, vielzahniges, herumtaumelndes Etwas, das wir niemals in den Mund nehmen wollen würden.[31] Tatsächlich werden wir, wenn *Zarte Knöpfe* von »Dinge/Gegenstände« zu »Essen/ Futter« übergeht, beziehungsweise die Dinge, auf die sich die Gedichte beziehen, immer essbarer und damit niedlicher werden, zunehmend auf die Konstruktion eines »Rätsel[s]« oder eines »Riesenrätsel[s], ein schweres würgen« im Text verwiesen (ZK, 53). So finden wir in »Räume«, einem Ort, an dem »eine ganze Kollektion gemacht [wurde]«, und an dem »die ganze An-

---

31 Zum Ausschluss des Geschmacks als oraler Empfindung aus ästhetischen Geschmackstheorien (und auch zum ästhetischen »Geschmack«, der paradoxerweise auf Abneigung oder Ekel beruht) siehe Pierre Bourdieu, »Nachschrift: Elemente einer ›Vulgärkritik‹ der ›reinen‹ Kritiken«, in: ders., *Die feinen Unterschiede. Kritik der gesellschaftlichen Urteilskraft*, Frankfurt a. M. 1987, S. 756-783, und Jacques Derrida, »Ökonomimesis«, in: Emmanuel Alloa, Francesca Falk (Hg.), *BildÖkonomie. Haushalten mit Sichtbarkeiten*, Paderborn 2013, S. 327-367. Siehe außerdem Denise Gigante, *Taste. A Literary History*, New Haven CT 2005.

ordnung […] festgelegt« ist, (ZK, 79, 74) die folgende Ankündigung: »Das ist ein Monstrum und peinlich ziemlich peinlich und das kleine Muster das geblümt ist das nicht merkwürdig ist und doch sichtbare Schrift hat, das zeigt sich nicht die ganze Zeit sondern auf einmal, danach bleibt es wo es ist und wo sein Platz ist.« (ZK, 88)

Weitere Einsichten in diese kulinarische Angelegenheit lassen sich durch einen Blick auf Ponges »Die Orange« gewinnen. Der Text beginnt mit dem Bild eines kleinen, runden und vermenschlichten Objekts, das von einer Faust gequetscht wird, »zum Vergnügen seines Folterers«.

> Wie der Schwamm neigt auch die Orange dazu, nach der Prüfung durch Ausdruck zur alten Haltung zurückzufinden. Doch wo der Schwamm stets Erfolg hat, gelingt's der Orange nie: denn ihre Zellen sind geplatzt, ihre Gewebe zerrissen. Während die Schale allein sich mählich wieder in ihre Form begibt, dank ihrer Elastizität, hat sich ein Bernsteinfluß ergossen, von Erfrischung begleitet, von süßen Düften, gewiß – doch oft auch vom bitteren Bewußtsein einer vorzeitigen Kernaustreibung.[32]

Als nicht-menschliches Ding, dem menschliche Züge verliehen worden sind (aber auch genauso schnell wieder entzogen werden), lässt sich Ponges Orange als Darstellung einer Reihe von Personifizierungsstrategien lesen, einschließlich derer, die Paul de Man mit dem Akt »ein Gesicht zu verleihen« vergleicht, und

32 Francis Ponge, *Im Namen der Dinge*, übers. v. Gerd Henninger, Frankfurt a. M 1973, S. 15. [ND]

die, ausgehend von der zentralen Rolle des Anthropomorphismus für das Niedliche, als Primärtrope dieser Ästhetik beschrieben werden könnte:

> Es ist die Figur der Prosopopöie, die Fiktion der Apostrophierung einer [...] stimmlosen Entität, wodurch die Möglichkeit einer Antwort gesetzt und der Entität die Macht der Rede zugesprochen wird. Eine Stimme setzt einen Mund voraus, ein Auge und letztlich ein Gesicht, eine Kette, die sich in der Etymologie des Namens der Trope manifestiert: *prosopon poien*, eine Maske oder ein Gesicht (*prosopon*) geben.[33]

Ponges Orange zeigt wiederum, wie leicht aus der Geste, einem dumpfen Ding Ausdrucksvermögen zu verleihen, eine Geste der Herrschaft und keine des Wohlwollens wird. Eine Orange ausdrucksfähig zu machen, sowohl in dem Sinne sie aussage- und bedeutungsfähig zu machen, als auch sie dazu zu zwingen, ihr »Wesen« auszudrücken, heißt tatsächlich, sie zu verletzen: »denn ihre Zellen sind geplatzt, ihre Gewebe zerrissen.« Weit entfernt davon, eine freundliche oder ermächtigende Geste zu sein, heißt in Ponges Gedicht einem Objekt »ein Gesicht zu geben«, dass es sein Gesicht *verliert*, – ein Akt nicht nur der Herabwürdigung, sondern auch der Verstümmelung.

In diesem Zusammenhang ist anzumerken, dass niedliche Spielzeuge zwar immer ein Gesicht und meist übergroße oder überzeichnete Augen haben (ein perverses Wörtlichnehmen des

---

33 Paul de Man, »Autobiographie als Maskenspiel«, in: Christoph Menke (Hg.), *Die Ideologie des Ästhetischen*, Frankfurt a. M. 2015, S. 140.

Blickes, den Walter Benjamin mit der Aura des autonomen Kunstwerkes assoziiert), andere Gesichtszüge – insbesondere der Mund – jedoch so stark vereinfacht werden, dass sie kaum noch vorhanden sind.[34] Sanrios Hello Kitty hat beispielsweise überhaupt keinen Mund. Während de Man also »ein Gesicht geben« metonymisch mit der Sprachbegabung gleichsetzt, bedeutet ein Gesicht zu verleihen hier, die Sprache abzusprechen. Die auffällige Unvollständigkeit des niedlichen Gesichts impliziert, dass dem Objekt zwar gerade *genug* Gesicht verliehen werden muss, um unseren Blick zu erwidern, eine weitergehende Personwerdung jedoch unmöglich ist, da sie das Objekt auf einer symbolischen Ebene zu unseresgleichen machen und so das Machtgefälle auslöschen würde, von dem die Ästhetik abhängt.

Die Ästhetik des Niedlichen richtet unsere Aufmerksamkeit darüber hinaus auf die »latente Drohung«, die alle Strategien rhetorischer Personifizierung begleitet, wie de Man sie anhand seiner Lektüre von Wordsworth diskutiert. Aus der Beobachtung, dass Wordsworths *Essays upon Epitaphs* ängstlich vor dem Gebrauch der *Prosopopöie* warnen, während er selbst die Figur bevorzugt anwendet und auf sie angewiesen ist, schließt de Man, dass indem das Tote oder Unbelebte oder Unmenschliche zum Sprechen gebracht wird, »die symmetrische Struktur der Trope zugleich auch impliziert, dass der lebende menschliche Sprecher, der personifiziert oder eine Stimme in das nicht-menschliche Objekt projiziert, genauso einfach ›mit Stummheit geschla-

---

34 Vgl. Walter Benjamin, »Über einige Motive bei Baudelaire«, in: ders., *Gesammelte Schriften*, Bd.1, Teil II, Frankfurt a. M. 1991, S. 646f.

gen‹ werden kann«.[35] Anders gesagt: Wenn Dinge zu Personen gemacht werden können, können Personen zu Dingen gemacht werden. In dieser Darstellung wie in Marx' Analyse der Warenform bilden Verlebendigung und Verdinglichung »zwei Seiten einer Medaille.«[36] In gewisser Weise richtet auch ein späteres Bild in Ponges »Die Orange« unsere Aufmerksamkeit auf diese Umkehrung:

> Aber es ist noch längst nicht alles von der Orange gesagt, wenn man bloß daran erinnert, auf wie besondere Art sie die Luft durchlüftet und ihren Henker erfreut. Es gilt mit Nachdruck auf die glorreiche Färbung der Flüssigkeit zu verweisen, die aus ihr stammt und die, mehr als der Saft der Zitrone, *die Kehle zwingt, sich der Aussprache des Wortes wie dem Einlauf der Flüssigkeit weit zu öffnen, ohne ängstliches Verzerren der vorderen Mundhöhle, deren Papillen sie nicht sträubt.* (ND, 17, Hervorh. S. N.)

So beginnt »Die Orange« zwar mit der Betonung der Passivität der kleinen, kompakten Ware, die im Titel genannt wird (ein Ding, das in dieser Verdoppelung, wie in den meisten von Ponges Prosagedichten, als noch kleinerer Ersatz für das schon kleine und kompakte literarische Objekt fungiert, das »Die Orange« ist),

---

35 De Man, »Autobiographie als Maskenspiel«, a.a.O., S. 142.

36 Jonathan Flatley, »Warhol Gives Good Face«, in: ders., Jennifer Doyle, José Esteban Muñoz (Hg.), *Pop Out. Queer Warhol*, Durham NC 1996, S. 116. Wie Flatley sinnvollerweise herausarbeitet, repräsentiert der Dualismus von Verdinglichung/Personifizierung in Marx' Darstellung die Ware, aus zwei klar unterscheidbaren Perspektiven: vom Standpunkt der Produktion und von dem der Konsumtion.

kulminiert aber darin, diese Passivität hin zum Subjekt zu verschieben, das die Essenz konsumiert, die es dem Objekt / dem Kunstwerk / der Ware ausgepresst hat.

Mit Hilfe von Ponges Allegorie des Konsums *als erzwungen statt freiwillig* sind wir besser in der Lage zu verstehen, warum die Abfolge von »kleinen«, »zarten«, »kaputten«, »missbrauchten«, »zitternden« und »aufgebenden« Objekten in *Zarte Knöpfe* als »Konstruktion« nach der Idee eines »Monstrums« vorgenommen oder in ihrer Ganzheit als solche sichtbar werden muss. Wenn der Geschmacksbegriff der Niedlichkeit ein besonders geeigneter Index für die Leichtigkeit ist, mit der die Marktgesellschaft Kunst routinemäßig in eine »kulinarische« Ware verwandelt, könnte man auf den Gedanken kommen, dass die unangenehm mit Blasen übersäten »Monster«, die in *Zarte Knöpfe* wie auch in Murakamis DOB-Serie auftauchen, weniger der Wunschvorstellung Gestalt verleihen, dass die Kunst es einer Gesellschaft heimzahlen könnte, die ihr die Kleinheit auferlegt, (ein Gedanke, den alle genannten Künstlerïnnen lächerlich finden würden), sondern vielmehr als einen bescheidenen Versuch, sich Kunst als immerhin fähig vorzustellen, der zyklischen Wiederaneignung einen *gewissen* Widerstand entgegenzusetzen, in dem sie als *nicht ganz so einfach konsumierbar* auftritt – oder als etwas, das, wenn es denn konsumiert wird, zu einem »schweren würgen« (ZK 53) führen könnte. In diesem Sinne könnte die gewaltsame Explosion von Murakamis winzigem, lächelndem Niedlichkeitsbündel auch als Beweis für die Falschheit jenes Versprechens der Industrialisierung moderner Ästhetik in der Nachkriegszeit stehen, Hochkultur und Populärkultur ließen sich versöhnen, das in den neuen Geschmacksbegriffen, die von den neuen Kreativindustrien verbreitet wurden, so gut verpackt zu sein schien.

Durch seine übersteigerte Passivität ruft das niedliche Ding den Eindruck hervor, es sei das am meisten verdinglichte oder das dinglichste Ding, das objektivierteste unter den Objekten oder sogar das »Objekt« per se. Betrachten wir nach den Beispielen von Stein und Ponge aus dem frühen und mittleren 20. Jahrhundert eines aus dem 21. Jahrhundert, so finden wir in Bob Perelmans und Francie Shaws jüngstem Gemeinschaftsprojekt *Playing Bodies* eine ähnliche Fantasie, wie sich diese Hyperobjektivierung verhindern oder umkehren ließe. *Playing Bodies* ist eine Serie aus 52 Kurzgedichten, die mit 52 relativ kleinen weißen Latex-Gemälden (ca. 45 x 45 cm) korrespondieren, welche zwei mundlose Puppen oder Spielzeuge zeigen – eine/s menschlich, die/das andere ein Dinosaurier – die miteinander intim und liebevoll, aber auch gewaltsam und aggressiv umgehen.[37] In der Mehrzahl der Gedichte bauchredet oder spricht die Verfasserïn als eine der beiden Spielfiguren (normalerweise als die menschenförmige) zu der anderen so, als wäre auch diese nicht nur ein Ding, sondern ein zur Antwort fähiges Subjekt, jedoch gerade um deren Stummheit oder *Unfähigkeit* zu einer Antwort herauszustellen. Wenn beispielsweise die Sprecherïn im unten folgenden Gedicht einem stimmlosen Wesen ein Gesicht verleiht, macht sie dies weniger, um ihm Handlungsfähigkeit zu verleihen, sondern um ihre eigene Fähigkeit, es zu beherrschen und zu benutzen, zu betonen – in diesem Fall als ein Instrument des Schrei-

37 Vgl. Bob Perelman und Francie Shaw, *Playing Bodies*, New York NY 2004. [PB]

bens selbst. Der Dinosaurier, apostrophiert als poetisches Prinzip, wird zum Werkzeug der Schreiberi̇n/Sprecheri̇n und anfangs in einer halbbewussten Benommenheit oder »Trance« gezeigt, die an Harris' Beobachtung erinnert, dass Niedlichkeit nicht nur »die Ästhetik der Verformung und Verwerfung«, sondern auch »die Ästhetik des Schlafes« ist.[38] Und auch wenn dieses komatöse Objekt schließlich spricht, bleibt seine Sprache reduziert oder auf ein »dünnes Flüstern« begrenzt, das heißt auf eine Sprechweise, die unsere Aufmerksamkeit auf ihren eigenen negativen Status als kaum vorhandene Sprache lenkt:

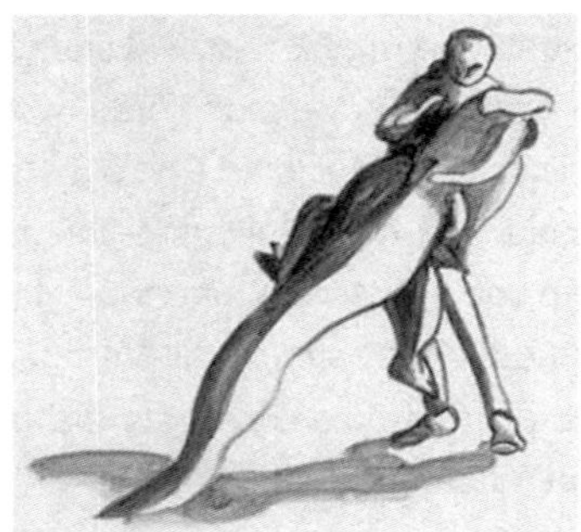

37

So, poetry, I see you
Swooned into steep trance

When I hear
Your thin whisper

---

[38] Harris, *Cute, Quaint, Hungry, and Romantic*, a.a.O., S. 7.

My arms are too light
I need your tail to write
It looks like I'm saying this to you
tranced in one oblique line
but your ear is everywhere
without it I'm all over the place

Really, I'm only
using you to write
what you tell me I hear (PB)

Genauso wie Ponges Orange gezwungen wird, sich auszudrücken, wird hier das buchstäblich mundlose Objekt, das vom Subjekt angerufen wird (»So, poetry«) rücksichtlos für das Schreiben instrumentalisiert. In diesem Sinne verleiht die Sprecherïn nicht so sehr einem Objekt eine Stimme, sondern einem *Vorgehen*, das mehr oder weniger die gesamte lyrische Tradition bestimmt, von Petrarcas Instrumentalisierung und Entstellung Lauras bis zu Wordsworths Lucy-Gedichten und darüber hinaus. Und doch stellt sich am Ende von 37 heraus, dass trotz der aggressiven Behandlung, die das Objekt erfährt (das bereits in der ersten Strophe auf einen schlichten Übermittler der Wörter anderer reduziert wird), es tatsächlich das Objekt ist, das die Kontrolle hat – nicht nur über die Sprecherïn des Gedichts, sondern über das Gedicht selbst. Am Schluss des Gedichtes ist es die Sprecherïn, der zu einem Aufzeichnungsinstrument geworden ist, das aufschreibt, was ihr das Objekt sagt, dass sie es *höre*. Also wer ist in dieser Situation nun wirklich gewissermaßen das Werkzeug?

Playing Bodies 23 stellt eine ähnliche Frage:

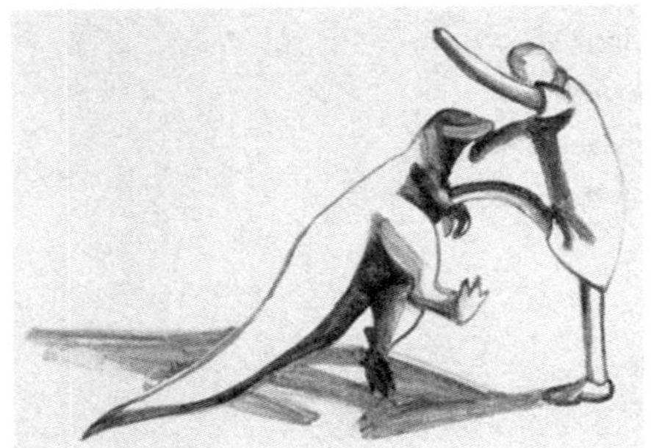

23

Take that, That
And try some of this, This
Be yourself, Be
And don't tread on me, Don't

Fuck you, You
And I love it when you call me that, Love
Pleasure always goes twice around the block, Please
So say it again, Sam

One more time, Time
And another thing, Thing
Don't stop now, Now
Or else I'm gone, I (PB)

Was hier besonders auffällt, in einem Gedicht, das größtenteils aus vorgefertigten Formulierungen besteht, ist die Gleichsetzung von lyrischer Ansprache und Angriff. Die Äußerungen der Sprecherïn sind eindeutig aggressiv (»Take that«, »Fuck you«) was ihren Inhalt anbelangt, aber mehr noch durch die Form, die sie annehmen: die eines Imperativs, dessen Sprechweise tatsächlich den Eigennamen des adressierten Objektes evoziert (»That«, »You«). Hier wird eine Situation skizziert, in der die Adressatïn einer gewaltsamen Befehlsform keine andere Identität zu haben scheint als die, die durch den Imperativ konstituiert wird – eine Situation, die im Fall von »Sei du selbst« besonders ironisch wirkt. Und doch erzeugen die Befehle der Sprecherïn eine Art Echolalie (»that, That«; »this, This«; »now, Now«), die in ihrem selbstbestätigenden Um-sich-Kreisen den Eindruck erweckt, es gelänge nicht, die Angesprochene als völlig unabhängige und selbständige Entität zu etablieren, die antworten kann. So gesehen, kehrt die Machtlosigkeit des angesprochenen stummen Gegenstandes als Unfähigkeit auf Seiten der Sprecherïn zurück, deren Anrufen ins Stottern gerät und in genau dem Moment leer auf sich selbst zurückgeworfen wird, wenn es seine Abschluss hätte erreichen sollen. Es ist, als würde das »Hey, du da!« der Autoritätsfigur in Louis Althussers Anrufungsszene es nicht bis zum Pronomen für die 2. Person schaffen und auf sich zurückfallen, um zu einem Akt des Anrufens des eigenen unabgeschlossenen Anrufens zu werden. Nichts macht diese strukturelle Unabgeschlossenheit deutlicher als die letzte Zeile von Perelmans Gedicht »Or else I'm gone, I«: ein Satzfragment, in dem das ungenannte, aber implizierte »Du« paradoxerweise im Akt des Angesprochenwerdens ausgelöscht wird und das einsame, herumbaumelnde »Ich« als Überbleibsel zurücklässt.

Was Perelman unserer Untersuchung der Niedlichkeitsästhetik via Stein und Ponge hinzufügt, ist die Betonung der Unabgeschlossenheit auf der Ebene der poetischen Anrede – welche seltsamerweise darauf angelegt zu sein scheint, die Unmäßigkeit der Anrede zu betonen, die Überambitioniertheit ihres Anspruchs oder ihres Geltungsbereichs. Dass er den Fokus nicht nur auf die Unabgeschlossenheit der Anrede, sondern auf ihre exorbitante Reichweite oder ihr Ziel legt, weist darauf hin, dass es Perelman in seinem Nachdenken über Niedlichkeit um mehr geht als den ästhetischen Begriff an sich. Wie das »Riesenrätsel« in *Zarte Knöpfe* ist dieses größere und ambitioniertere Mehr, so möchte ich behaupten, nichts weniger denn eine Meditation über den sozialen Status der Avantgarde und über die linke Kritik ihrer Ambitionen. Tatsächlich lassen sich alle genannten poetischen Erforschungen des Niedlichen, über das ganze 20. Jahrhundert hinweg, als eine Art Anerkennung, aber auch als kritische Auseinandersetzung mit der oft gemachten Beobachtung zur gesellschaftlichen Machtlosigkeit der literarischen Avantgarde lesen, ihrer realen Wirkungslosigkeit oder ihrem Mangel an Wirkmacht in der »rationalen Welt als einer verwalteten«, die sie sich trotzdem als etwas anderes imaginieren will als sie tatsächlich ist. (ÄT, 86) Während das Niedliche eine Ästhetik des Kleinen, des Verletzlichen und des Deformierten ist, wird die politische Folgenlosigkeit der Avantgarde typischerweise der geringen oder begrenzten Reichweite ihres Zugriffs zugeschrieben, die oft als Beleg für ihren aus dem Modus der »eingeschränkten Produktion« resultierenden »Elitismus« gesehen wird (so die Kritik Pierre Bourdieus); oder ihrer Empfänglichkeit in Routinen zu verfallen, entgegen ihrer Dynamik und ihrem Bekenntnis zum Wandel, sodass sie von den kulturellen Institutionen, die sie ursprünglich bekämpfte, einfach absorbiert und eingegliedert werden kann (die Kritik von Raymond Williams, Peter Bürger und Paul Mann); und einer sozialen Überambitioniertheit, die sich in der Unabgeschlossenheit und den Abbrüchen zeigt, die alle ihre Projekte kennzeichnen – eine Unabgeschlossenheit, die wiederum voreilige Annahmen über die »vom Weltgeist veranstaltete prästabilierte Harmonie zwischen der Gesellschaft und den Kunstwerken« (ÄT, 350) verrät und darüber hinaus die zu einfach gedachte Identität von politischer Wirkmacht und radikaler Form.[39] Wie Barrett Watten über die zitierten Autoren sagt, stellen diese Kritiken der Linken große Herausforderungen für die Avantgarde dar, die nicht einfach weggewischt oder ignoriert werden können: Es »ist wahr, die Avantgarde besteht aus einer kleiner Gruppe von Profis, die sich von den Mechanismen der sozialen Reproduktion weit entfernt haben. Der kritische Anspruch der Avantgarde kann die Lücke zwischen den verkündeten Intentionen und den realen Effekten nicht schließen, die sich immer noch aus ihren restriktiven Codes und randständigen Formationen ergibt.«[40]

---

39 Die linken Kritiken an der Avantgarde, die ich hier grob zusammengefasst habe, finden sich in folgenden Werken: Pierre Bourdieu, *Die Regeln der Kunst*, Frankfurt a. M. 2001; Raymond Williams, *The Politics of Modernism. Against the New Conformists*, London 1989; Peter Bürger, *Theorie der Avantgarde*, Frankfurt a. M. 1974; und ÄT.

40 Barrett Watten, »The Constructivist Moment: From El Lissitzky to Detroit Techno«, in: *Qui Parle* 11 (Herbst/Winter 1997), S. 64.

Betrachtet man ihre Kleinheit (sowohl des Publikums als auch der Zahl der Künstlerïnnen), ihre Unabgeschlossenheit (die Lücke zwischen formulierten Zielen und der tatsächlichen Wirkung) und ihre Verwundbarkeit (gegenüber institutioneller Verknöcherung), so scheinen diese Beobachtungen über die Folgenlosigkeit der Avantgarde in der Gesellschaft und weiterhin auch die ihrer Erzeugnisse fraglos vor allem auf die Lyrik zuzutreffen, das literarische Genre, das am deutlichsten mit kleinen, fragmentarischen sowie lapidaren oder exklusiven literarischen Objekten assoziiert wird. Daraus lässt sich nachvollziehen, warum die poetische Avantgarde die Warenästhetik des Niedlichen mobilisiert, ganz besonders während eines Krieges oder einer weltweiten Krise, um über die eigene beschränkte Wirkmacht in einer totalen, von Zweckrationalität dominierten Warenwelt nachzudenken, wie auch über die gesellschaftliche Kraftlosigkeit ihrer kleinen und allzu leicht fetischisierten Texte (eine Hyperobjektivierung, die weiterhin die gesamte Poesie heimsucht, aber einige Traditionslinien neigen stärker dazu als andere). Noch wichtiger allerdings ist, dass Niedlichkeit es uns ermöglicht, die Machtlosigkeit der poetischen Formen und ihrer sozialen Formationen, die ihnen im Feld des politischen Handelns zukommen, als Quelle unerwarteten Einflusses im Bereich der politischen Imagination zu erkennen: eine Fantasie über genau die Fähigkeit, ein *Anderes* zu imaginieren oder fantasieren, wie es in Steins Band, in Ponges Orange und in Perelman und Shaws Spielzeug verkörpert wird.

Die Vorstellung, dass gerade in der völligen Ineffizienz des leblosen und, es ließe sich sogar sagen, radikal verdinglichten

Objektes Wirkmacht bewahrt bleibt, ist tatsächlich eine der Implikationen aus der zentralen These Adornos über Kunstwerke in der *Ästhetischen Theorie*. Ausgehend von der Annahme, dass »[d]ie Immanenz der Gesellschaft im Werk [...] das wesentliche gesellschaftliche Verhältnis der Kunst [ist], nicht die Immanenz von Kunst in der Gesellschaft« (ÄT, 345) formuliert Adorno die These, Gesellschaft sei dann besonders aktiv in einem Kunstwerk, wo dieses am stärksten auf Distanz zur Gesellschaft geht, und, so lässt sich schließen, wo es sich in Bezug auf einen instrumentellen Eingriff in die Gesellschaft am untauglichsten erweist. Diese Machtlosigkeit, schreibt Adorno, lässt alle Kunst nicht nur würdelos erscheinen, sondern verleiht ihr ein Element des »Albernen und Clownshaften« (ÄT, 180). Während Kunstwerke »[v]ollends vor dem Wozu das alles, dem Vorwurf ihrer realen Zwecklosigkeit, [...] hilflos [verstummen]«, wird im Angesicht der historischen Katastrophe die Impotenz der Kunst so vergrößert, dass sie beginnt, *töricht* zu wirken: »[...d]ie offene Absurdität des Zirkus: wozu all diese Anstrengung, ist eigentlich schon der ästhetische Rätselcharakter.« (ÄT, 183, 277) Wie die anderen Figuren der Ohnmacht, die durch die dichterische Erforschung des Niedlichen bei Stein, Ponge und Perelman in den Vordergrund gerückt wurden (leblose oder passive Dinglichkeit; Schweigen oder Verstummen; Versehrtheit oder Deformiertheit), wird in der *Ästhetischen Theorie* das »Albernheits«-Verhalten für Adornos ausführliches Nachdenken über ästhetische Wirkmacht entscheidend, das paradoxerweise durch die Wirkungslosigkeit von Kunst erst ermöglicht wird. Denn »[M]it ihrer Vergeistigung im Namen von Mündigkeit wird dies Alberne nur desto schroffer akzentuiert«, allerdings ist die Albernheit »auch ein Stück Gericht über jene Rationalität; darüber, daß sie, in der gesellschaftlichen Praxis sich zum Selbstwert geworden, ins Irrationale und Irre umschlägt, in die Mittel für Zwecke.« (ÄT, 181) Während der »Schatten des autarkischen Radikalismus der Kunst [...] ihre *Harmlosigkeit*« ist, wie Adorno bemerkt, kann »[v]orbehaltlose Preisgabe von Würde [...] im Kunstwerk zum Organon seiner Stärke werden« (ÄT, 51, 65; Hervorh. S. N.). Es ist diese Aufgabe der Würde, ein Zeichen dafür, dass »[w]ie an Stärke [...] Kunst ihrerseits an Schwäche teil[hat]«, die Adornos oft angemerkte Bewunderung für die »deftigen Formen des Vergnügens« begründet, für den Zirkus und das Slapstick-Kino, für Paul Verlaines Fähigkeit, sich »zum passiv taumelnden Instrument seiner Dichtung« zu machen, und für Klees Fähigkeit, eine radikale Form der Verdinglichung zu erzeugen, »die nach der Sprache der Dinge [tastet]« (ÄT, 65, 96).

Die bisherigen Überlegungen sollten uns daran erinnern, dass trotz der Aggressionen, die in ihre Produktion einfließen, die Ästhetik der Niedlichkeit immer auch ein Gefühl der Lust hervorruft. Wie Stein sagt: »*[a]ll die geschmeidige Folge des sich ergebens* ergibt eine erfinderische Freude« (ZK, 49); sogar »Wenn nicht die Verfolgung so unerhört ist daß *nichts feierlich ist*« (ZK, 49; Hervorh. S. N.). Der *Zarte Knöpfe* organisierende Geschmacksbegriff ließe sich daher als »heiter« beschreiben, wenn auch mehr in Adornos Verständnis als in umgangssprachlichem Sinne. In seinem Essay »Ist die Kunst heiter« verwendet Adorno diesen Begriff nicht, um Affekte wie Fröhlichkeit oder »fun« zu bezeichnen, so wie Steins missbrauchter Käse zeigt, dass Niedlichkeit nie *vollkommen* glücklich ist. Wenn die Niedlichkeit von *Zarte Knöpfe* also »heiter« im Sinne Adornos ist, ist sie das nicht, weil sie die Fähigkeit besitzt, als »angenehmes Spielwerk« in einer Gesellschaft zu funktionieren, in der Kunst generell als etwas angesehen wird, das man müden Geschäftsleuten als Vitaminspritze verschreibt.[41] Mit »Heiterkeit« bezieht sich Adorno – via Kant – auf die »Haltung«, die Kunst im Allgemeinen in ihrer grundsätzlichen *Zwecklosigkeit* charakterisiert. Eine Haltung, die nur dem zur Verfügung steht, was nicht zur Erreichung eines strategischen Ziels genutzt werden kann und was in seiner Unwirksamkeit vom Standpunkt der instrumentellen Rationalität aus als nicht ernsthaft wahrgenommen wird – d. h. als nutzlos, im doppelten Sinne des Wortes. Wegen dieser Nutzlosigkeit können für Adorno sogar Werke mit einem »Ausdruck der Verzweiflung« »heiter« sein. Wie er sagt: »Noch vor den Spielen Becketts hebt sich der Vorhang wie vor dem weihnachtlichen Zimmer« (KH, 600).[42] Auch wenn Zwecklosigkeit nicht unbedingt Nutzlosigkeit

---

41 Theodor W. Adorno, »Ist die Kunst heiter?«, in: ders., *Gesammelte Schriften*, Bd. 11, Frankfurt a. M. 2020, S. 599-606. [KH]

42 Selbst in seiner sorgfältigen Unterscheidung von »Heiterkeit« als das Nutzlose und Unnütze, und »fun« als instrumentellem Affekt zögert Adorno, die Kunst vollständig von der Frage nach dem Glück zu trennen: »Wäre sie nicht, wie immer auch vermittelt, für die Menschen eine Quelle von Lust, so hätte sie in dem bloßen Dasein, dem sie widerspricht und widersteht, nicht sich erhalten können.« Er fährt fort: »Das aber ist ihr nichts Äußerliches sondern ein Stück ihrer eigenen Bestimmung. Die Kantische Formel von der Zweckmäßigkeit ohne Zweck spielt, obgleich sie die Gesellschaft nicht nennt, darauf an. Das Ohne Zweck der Kunst ist ihr Entronnensein aus den Zwängen von Selbsterhaltung. Sie verkörpert etwas wie Freiheit inmitten der Unfreiheit. Daß sie, durch ihr bloßes Dasein, aus dem herrschenden Bann her-

bedeutet und keiner der beiden Begriffe notwendigerweise Machtlosigkeit impliziert, zieht aus der Sicht einer Mittel-zum-Zweck-Gesellschaft, also *unserer* Gesellschaft, in beiden Fällen der erste Begriff unweigerlich den zweiten nach sich.

Wenn Niedlichkeit eine heitere Ästhetik ist, eine Ästhetik der Zwecklosigkeit par excellence, so kann man sagen, dass es erstaunlicherweise keinen besseren Theoretiker dieses kleinen Geschmacksbegriffs als Adorno selbst gibt, der unter den Linken sonst eher einen Ruf als humorlosester Verteidiger der Hochmoderne genießt. Und für Adorno gibt es kein besseres Zeichen für

---

austritt, gesellt sie einem Glücksversprechen, das sie irgend selbst mit dem Ausdruck von Verzweiflung ausdrückt.« (KH, 600)

Das Thema der »Überlebensfähigkeit«, das wir aus Murakamis DOB-Versuchsanordnung bereits kennen – in der die auf der Niedlichkeit aufruhende Dramatisierung der Gewalt ein äußerst notwendiges prophylaktisches Mittel gegen die »verordnete Fröhlichkeit« bereitstellt, die Adorno der Heiterkeit der Kunst *entgegensetzt* und der Murakamis Arbeiten immer gefährlich nahe kommen – kehrt im Zitat als Frage zur Kunst in einer kapitalistischen Gesellschaft im Allgemeinen wieder. In einer Gesellschaft, die von Zweckrationalität angetrieben wird, beruht die Fähigkeit, nicht instrumentalisierbar zu sein, genau auf dieser Gleichgültigkeit gegenüber dem eigenen »Selbsterhalt«. Ein Bild, das suggeriert, dass sich entgegen der üblichen Vorstellung die Zweckfreiheit und Nutzlosigkeit der Kunst am überzeugendsten dadurch allegorisieren lässt, dass man eine Show aus ihrem respektlosen und sogar rücksichtslosen Gebrauch macht, und sie nicht als der Welt entrücktes Objekt kontemplativer Betrachtung inszeniert – um für die Seite des Objektes dessen Abtrennung von der strategischen Vernunft herauszustellen, die sich sogar bis auf die Verweigerung des *eigenen Selbsterhalts* erstreckt. Das Schicksal von Steins niedlichen Tassen und Ponges ebenso niedlichen Kartoffeln tritt hier als besonders nachdrückliches Verfahren zu Tage, die Verbindung zwischen der Heiterkeit der Kunst und ihrer Fähigkeit zu überleben bewusst zu machen.

die notwendige Zwecklosigkeit der Kunst in einer Gesellschaft der Mittel und Zwecke, deren Teil sie ist, als das, was er ihren »Dingcharakter« nennt. Hier ließe sich darüber spekulieren, ob Ponges Gleichsetzung des literarischen Ausdrucks mit einem Akt der Verstümmelung nicht wie dafür gemacht ist, die Aufmerksamkeit darauf zu lenken, dass ein Gedicht, genauso wie Adornos Kunstwerk, »an seiner immanenten Dinghaftigkeit« *leidet*. (Vgl. ÄT, 154). Mit diesem »Leiden« oder »Trauern« verweist Adorno auf etwas, das Frederic Jameson »das schiere Schuldgefühl der Kunst in einer Klassengesellschaft [nennt], Kunst als Luxusgut und Klassen-Privileg«[43], aber auch darauf, dass »[n]ur philiströs verstockter Artistenglaube [...] die Komplizität des künstlerischen Dingcharakters mit dem gesellschaftlichen verkennen [könnte] und damit seine Unwahrheit, die Fetischisierung dessen, was an sich Prozeß, ein Verhältnis zwischen Momenten ist.« (ÄT, 154). Auf der einen Seite ist die »Objektivierung [des Kunstwerks], eine Bedingung ästhetischer Autonomie, immer Verhärtung«, aber gleichzeitig zerstören die Kunstwerke selbst ihren Anspruch auf Verdinglichung, den sie erheben«.[44] Adorno beschreibt das so:

---

43 Frederic Jameson, *Spätmarxismus. Adorno oder Die Beharrlichkeit der Dialektik*, Hamburg, Berlin 1991, S. 220. [SM]

44 Obwohl »Objektivierung« sich hier explizit auf die »Resultante des Kräftespiels *im Werk*, dem Dingcharakter verwandt als Synthesis« bezieht (ÄT, 153; Hervorh. S. N.), ist es auch etwas, was das Subjekt gleichzeitig selbst ausübt und erleidet. »Objektivierung« ist deswegen eng mit Adornos sehr eigenem Begriff von Mimesis verwandt, die bei ihm, wie Shierry Weber Nicholson argumentiert, weniger eine Form der Darstellung ist, sondern die Verhaltensweise des Subjektes einer ästhetischen Erfahrung, das »die Spannungen und Bewegun-

> Die immanente Nichtigkeit ihrer Elementarbestimmungen zieht integrale Kunst hinab ins Amorphe; die Gravitation dorthin wächst, je höher sie organisiert ist. [...] Dem Blick auf die Kunstwerke aus nächster Nähe verwandeln die objektiviertesten Gebilde sich in Gewimmel [...] [sehr ähnlich wie Mr. DOB]. Wähnt man die Details der Kunstwerke *unmittelbar in Händen* zu halten, so zerrinnen sie ins Unbestimmte und Ununterschiedene: so sehr sind sie vermittelt. (ÄT, 155)

Ausgehend von diesem imaginierten festen Zugriff oder der Fantasie der Beherrschung können wir erahnen, wie das niedliche Objekt, als objektiviertestes aller Objekte, zum besten Beispiel für das moderne Kunstwerk werden kann, das Adorno in der *Ästhetischen Theorie* klar als Synekdoche für Kunst im Allgemeinen bevorzugt. Aber auch wenn meine Zusammenführung eines kulinarischen Geschmacksbegriffs mit der Hochmoderne selbst vielleicht »unanständig niedlich« wirkt, als deren Verteidiger aus einer Position, »die so leicht auf »elitäre« Anschauungen [...] oder ein reaktionäres Gelehrtentum reduzierbar [ist], die aus der Perspektive der demokratisierten Massenkultur des postmodernen

---

gen, die dem Kunstwerk inhärent sind, nachahmt oder nachvollzieht« wie man einer Partitur folgt. Wie Nicholson hervorhebt, wird in diesem Nachvollziehen, ein Vorgang, bei dem das erfahrende Bewusstsein ins Kunstwerk verschwindet, ein »quasi-sinnliches und quasi-logisches« Verständnis erreicht, das Adorno ausdrücklich von einem begrifflichen oder rationalen Verständnis unterscheidet. (Shierry Weber Nicholsen, *Exact imagination, late work. On Adorno's Aesthetics*, Cambridge MA 1997, S. 17f.). Zu Adornos Darstellung der Dialektik von Mimesis und Rationalität, aus der sich seine Diskussion der »Konstruktion« ergibt. (vgl. ÄT, 71-74)

Superstaates veraltet oder kulturell fremdartig wirken« (SM, 170) Adorno immer noch gilt, ist es wichtig, sich an Steins Tasse und Käse, Williams Pflaumen und Ashberys Kakaodosen zu erinnern: das heißt, an das Hingezogensein bestimmter poetischer Traditionen der Moderne zu einfachen Objekten, die nicht nur physisch leicht zu greifen oder zu liebkosen sind, sondern, wie sich aus der allgegenwärtigen Präsenz ähnlicher Objekte in parallelen Strömungen der Philosophie des 20. Jahrhunderts schließen lässt, auch geistig leicht zu erfassen und zu tätscheln sind (Wittgensteins Kochtopf, Heideggers Krug und Schuh). Tatsächlich scheint Adornos auffällige Weigerung, den »Dingcharakter« herunterzuspielen, an dem alle Kunstwerke leiden, zu suggerieren, dass Niedlichkeit der geeignete Rahmen für die Lektüre von Adornos unvollendeter Abhandlung über Ästhetik sein könnte, die er Beckett widmen wollte, der selbst ästhetischer Theoretiker von allerlei Gebäck, Lutschsteinen und Schuhen war.

Damit will ich sicher nicht sagen, dass die gesamte moderne Kunst und Literatur unter dem Paradigma der Niedlichkeit besser zu verstehen sei. An Eliots düsteren und pathetischen *Four Quartets* ist nichts niedlich, noch an dem kriegerischen Futurismus von Wyndham Lewis oder F. T. Marinetti, auch wenn es, wie bereits gezeigt, vielfältige Verbindungen zwischen Niedlichkeit und Gewalt gibt. Meine These ist stattdessen, dass Niedlichkeit als eine Ästhetik der Machtlosigkeit sich als besonders geeignete Einführung in das Verständnis dessen erweist, was Jameson und andere Kritiker als das komplizierteste Manöver der *Ästhetischen Theorie* beschrieben haben: Adornos spezifisch *marxistische* Verteidigung der gesellschaftlichen Nutzlosigkeit des autonomen

Kunstwerks und der Kunstwerke der Hochmoderne im Besonderen: »Die hermetischen Werke [...] heben durch ihre Ohnmacht und Überflüssigkeit in der empirischen Welt [...] das Moment der Hinfälligkeit an ihrem Gehalt hervor.« (ÄT, 159f.). Denn weiterhin bleibt die Frage bestehen, wie genau man von einem Kunstwerk behaupten kann, es sei »durch und durch gesellschaftlich dank seiner Nicht-Gesellschaftlichkeit« (SM, 223) – eine These, die Gefahr läuft (wie Adorno anderswo selbst anmerkt), genau wegen ihrer kontraintuitiven, geradezu werbemelodieartigen Qualität zu einer eingängigen Floskel zu verkommen oder darauf reduziert zu werden. Tatsächlich klingt die These, Kunst sei am sozialsten, wenn sie am wenigsten sozial ist, ein bisschen wie ein Aphorismus – die volkstümlichste und, ich wage zu sagen, niedlichste Untergattung der westlichen Philosophie, in der philosophische Ideen die Gestalt von Sprichwörtern annehmen und in kleinen, appetitlichen und leicht zu erinnernden Dosierungen verabreicht werden, und mit deren formalem Risiko, niedlich *zu wirken* Adorno in seinen *Minima Moralia* provokativ zu balzen und zu flirten scheint. Bereits in ihren prägnanten, kurzen Titeln (»Die Blümlein alle«, »Grau und grau«, »Wolf als Großmutter«, »Zwergobst«, »Bilderbuch ohne Bilder«, »Kleine Leute«, »Katze aus dem Sack«, und so weiter) scheinen diese verdichteten Texte über ephemere soziale Phänomene und das Kleinklein der täglichen Existenz eine oberflächliche Ähnlichkeit zu modernen Prosagedichten aufzuweisen, die selbst wiederum eine oberflächliche Ähnlichkeit mit plakativen Zeitungsanzeigen, Witzen oder Pointen haben.[45] In »Rede über Lyrik und Gesellschaft« unterstreicht Adorno sogar den Pointen-Charakter seiner Formulierung vom nicht-gesellschaftlichen Gesellschaftlichen der Kunst durch einen Vergleich mit der realen Pointe einer politischen Karikatur:

> Sie können mir vorwerfen, ich hätte durch diese Bestimmung, aus Angst vorm plumpen Soziologismus, das Verhältnis von Lyrik und Gesellschaft so sublimiert, daß eigentlich nichts davon übrig bleibt; gerade das nicht Gesellschaftliche am lyrischen Gedicht solle nun sein Gesellschaftliches sein. Sie könnten mich an jene Karikatur eines erzreaktionären Abgeordneten von Gustave Doré erinnern, der sein Lob auf das ancien régime steigert zu dem Ausruf: ›Und wem, meine Herren, haben wir die Revolution von 1789 zu verdanken, wenn nicht Ludwig XVI.!‹[46]

Wie genau *wird* Kunst nun durch ihre Nicht-Gesellschaftlichkeit sozial? Denn, wie Jameson bemerkt, lässt auch »[d]ie von der *Ästhetischen Theorie* vorgetragene einfallsreiche philosophische Lösung – ein Begriff vom Kunstwerk als fensterlose Monade [...] das Problem de facto, ungeachtet aller praktischen Absichten und Zwecke, unangetastet.« (SM, 223) Ich würde behaupten, dass das, was wir inzwischen über die kleine Ästhetik der Niedlichkeit wissen, uns hinsichtlich dieser großen Frage Aufschluss

---

45 Vgl. Theodor W. Adorno, *Minima Moralia. Reflexionen aus dem beschädigten Leben,* Frankfurt a. M. 2003. Auf die Verbindung zwischen modernen Prosagedichten und Werbung hat mich Rob Halpern aufmerksam gemacht.

46 Theodor W. Adorno, »Rede über Lyrik und Gesellschaft« (1967), in: *Gesammelte Schriften, Bd. 11*, a.a.O., S. 55. [RL]

geben kann. Um genauer zu sein: Sie wird uns dabei helfen, besser zu verstehen, wie Adorno selbst dieses Problem durch eine Reihe von Exkursen über Gegenstände anzugehen versucht, die wir selbst jetzt (aus heuristischen Gründen) als niedlichkeitsbezogen ansehen könnten: das dialektische Oszillieren der Kunst zwischen Machtlosigkeit und Grausamkeit; ihre Kommunikationsverweigerung oder Stummheit; ihre Fähigkeit, das Subjektive zu objektivieren; und die Vorstellung von künstlerischem Ausdruck als Verstümmelung.

Adorno beginnt das Kapitel »Gesellschaft« der *Ästhetischen Theorie*, indem er die Doktrin von der Autonomie der Kunst, klassisch formuliert in Kants Begriff des »interesselosen Wohlgefallens«, klar als sozialhistorische Erscheinung benennt, ein Produkt »des seinerseits wieder mit der Sozialstruktur zusammengewachsenen bürgerlichen Freiheitsbewußtseins.« (ÄT, 334) Adorno betont den gesellschaftlichen Ursprung der Gesellschaftsferne der Kunst und schreibt: »Ist Kunst, ihrer einen Seite nach, als Produkt gesellschaftlicher Arbeit des Geistes stets *fait social*, so wird sie es mit ihrer Verbürgerlichung ausdrücklich.« (ÄT, 335, Hervorh. S. N.) Indem sie durch ihre Verbürgerlichung autonom wird, wird Kunst zunehmend reflexiv oder beschäftigt sich mit der Vorstellung von sich selbst als begrenztem Feld, aber zugleich auch immer intensiver mit ihrem Verhältnis zu dem sie konstituierenden Außen. Nach Adorno ist der neue und charakteristische Gegenstand der bürgerlichen Kunst und ihrer Besessenheit, »das Verhältnis des Artefaktes *zur* empirischen Gesellschaft *als Gegenstand*« (ÄT, 335, Hervorh. S. N.). Da die Beziehung zu dem ihr Äußeren erst dann das bestimmende Interesse der Kunst werden kann, *nachdem* sie autonom geworden ist, und da diese Beziehung zur »empirischen Welt« schlussendlich eine der »Ohnmacht und Überflüssigkeit« (ÄT, 160) ist, erscheint das Projekt der autonomen Kunst als ein masochistisches: ein unablässiges, schuldbewusstes Nachdenken über die eigene gesellschaftliche Impotenz. Es ist, als ob die Kunst, sobald sie endgültig auf Distanz zur Gesellschaft gegangen ist, keine Wahl mehr hat, die soziale Frage nach ihrem Verhältnis zur Gesellschaft außer Acht zu lassen. Daher wird die Frage nach dem Verhältnis von Kunst und Gesellschaft zu einer »Wunde«, um die Bilder körperlicher Versehrtheit aufzugreifen, die Adorno selbst immer wieder verwendet, eine Wunde, die niemals vollständig verheilen kann, da die Kunst sich unaufhörlich mit ihr beschäftigt, eine »Narbe«, an der sie ständig herumkratzt. Der Preis für die permanente Selbstreflexion der Kunst, nachdem sie autonom geworden ist, ist die schmerzhafte Konzentration auf die eigene Nutzlosigkeit und Machtlosigkeit. Und weil uns die Ästhetik des Niedlichen gelehrt hat, dass Machtlosigkeit in ihrer äußersten Form als Mundlosigkeit oder Deformation dargestellt wird, ist es nicht überraschend, dass Adorno Kunstwerke wiederholt sowohl als »Wunde der Gesellschaft« als auch als »stumm« beschreibt. Die logische Konsequenz daraus ist jedoch, dass *nichts die ausgesetzte Handlungsfähigkeit der Kunst in der kapitalistischen Gesellschaft besser kritisch verstehen und reflektieren kann als die Kunst selbst* –, dass die Theoretisierung von Machtlosigkeit und der vielfältigen, politisch mehrdeutigen Bedeutungen von Machtlosigkeit in einer Gesellschaft, die Macht vergöttert, in der Tat eine besondere oder entscheidende Macht aller Kunstwerke ist, die ihnen durch ihren Dingcharakter zukommt.

Wir haben gesehen, wie dieser vergegenständlichte Dingcharakter, der in der gesamten *Ästhetischen Theorie* sowohl als Synonym für Trägheit und Passivität, als auch wegen seiner expliziten marxistischen Konnotationen verwendet wird, zum ultimativen Marker für die Untauglichkeit der Kunst in einer Warengesellschaft wird, die die vollkommene Abstraktion oder den Tauschwert ebenso privilegiert wie die Zweckrationalität. Für Adorno ist sie umgekehrt aber auch die stärkste Chiffre für die Präsenz der Gesellschaft im Kunstwerk. Anders gesagt: Sie ist die Eigenschaft, die Kunst zugleich als das am *wenigsten soziale* (d. h. vollkommen wirkungslos in einer Gesellschaft, die menschliche Beziehungen vergegenständlicht und materielle Dinge mit einem, wie Jameson das nennt, »seltsam vergeistigten« oder libidinösen Glanz versieht (SM, 226)) und als das *sozialste* (in dem Sinne, dass Kunst am deutlichsten die Merkmale und Markierungen dieser Gesellschaft trägt) enthüllt. In beiden Fällen lässt sich nachvollziehen, warum dieser »Ding-« oder »Fetischcharakter«, als Verdinglichung im bereits erwähnten klassisch marxistischen Sinne, zunehmend mit einer Wunde oder Narbe assoziiert und zu einer Eigenschaft wird, an der die Kunst »leidet« oder die sie schuldbewusst »betrauert«. Aber Adorno bleibt genauso unnachgiebig dabei, dass genau sein »Fetischcharakter« und die verdinglichten Aspekte des autonomen Kunstwerks es ermöglichen, eine Gesellschaft, in der »nichts in der universal gesellschaftlich vermittelten Welt [...] außerhalb ihres Schuldzusammenhanges [steht]« (ÄT, 337) zu *kritisieren*. Nicht nur hat

»[d]er Wahrheitsgehalt der Kunstwerke jedoch, der auch ihre gesellschaftliche Wahrheit ist, [...] ihren Fetischcharakter zur Bedingung«, sondern in Adornos stärkster Formulierung seiner These: »Einzig durch ihre gesellschaftliche Resistenzkraft erhält Kunst sich am Leben; verdinglicht sie sich *nicht*, so wird sie Ware« (ÄT, 337, 335, Hervorh. S. N.). Niedlichkeit scheint besonders dafür geeignet, genau diese Dialektik zur Darstellung zu bringen, insofern ihre Ästhetik immer eine Überdeutlichmachung der Dinglichkeit von Dingen beinhaltet. »Bleibt den Kunstwerken ein Fetischistisches beigemischt«, das sie weder »aus sich ausscheiden, noch verleugnen« können, so wird doch deutlich, dass Adornos Ästhetik einen »guten« Fetischismus erlaubt: einen, der im Widerstand gegen »[d]as Prinzip des Füranderesseins, [...], das [Prinzip] des Tausches« zur »stärkste[n] Verteidigung der Kunst gegen ihre bürgerliche Funktionalisierung« wird. (ÄT, 337f.) In einer vergleichbaren Umkehrung wird Verdinglichung in der *Ästhetischen Theorie* in erster Linie zu einem positiven, das heißt aufgewerteten Konzept, das nicht nur als jedem Kunstwerk wesentlich beschrieben wird, sondern als homöopathisches »Gift«, das Kunst schlucken muss, »um dem Ästhetischen eine fortdauernde [...] Existenz in einer gänzlich verdinglichten Welt zu ermöglichen – vor der das Gegengift jedoch einen gewissen Schutz bietet.« (SM, 227)

Auf diese Weise verändern, wie Jameson bemerkt, sowohl das »Todesprinzip« (ÄT, 201) der Verdinglichung als auch das animistische Prinzip des Fetischismus »beim Übergang vom Gesellschaftlichen zum Ästhetischen (und vice versa)« in Adornos Ästhetik »ihre Wertigkeiten«. (SM, 227) Ich möchte ergänzen, dass in derselben Bewegung diese Anzeichen für die Machtlosigkeit der Kunst in einer Warengesellschaft zu Anzeichen für ihre besondere Fähigkeit rekonfiguriert werden, Machtlosigkeit im Allgemeinen zu theoretisieren. Da dies, wie wir gesehen haben, auch das gemeinsame Anliegen der Warenästhetik der Niedlichkeit und der von Stein, Ponge und Perelman vertretenen Avantgardedichtung ist, ist ihre Konvergenz im Werk des Ästhetik-Theoretikers, dessen Sensibilität am weitesten vom Bereich des umgangssprachlich »Heiteren« entfernt zu sein scheint, weniger überraschend, als es zunächst scheint. Aber auch wenn ich hoffe gezeigt zu haben, dass die antagonistischen und sogar gewalttätigen Dimensionen des Niedlichen es unmöglich machen, diese ästhetische Eigenschaft vollständig mit der Eigenschaft zu identifizieren, die Adorno *Gemütlichkeit* nennt, ist es nicht meine Intention, den Eindruck zu erwecken, Adorno würde die Eigenschaften, die sich unter dem Begriff des *Niedlichen* versammeln (ein amerikanischer Begriff, der in der *Ästhetischen Theorie* kein einziges Mal auftaucht), ohne kritische Skepsis aufwerten. Selbst wenn er argumentiert, »[t]örichte Sujets wie das der Zauberflöte und des Freischütz haben, durchs Medium der Musik hindurch, mehr Wahrheitsgehalt als der Ring, der mit seriösem Bewußtsein aufs Ganze geht«, warnt er, »[j]enes Moment, als Residuum ein formfremd Undurchdrungenes, Barbarisches, wird zugleich in der Kunst zum Schlechten, solange sie es nicht gestaltend in sich reflektiert. Bleibt es beim Kindischen und läßt es womöglich als solches sich pflegen, so ist kein Halten mehr bis zum kalkulierten fun der Kulturindustrie.« (ÄT, 181) Adornos Vorsicht gegenüber dem ästhetischen Missbrauch von Albernheit entspricht seiner

Reserviertheit gegenüber einer unreflektierten Hochschätzung des Hässlichen, das, obwohl es der Kunst einen einzigartigen Weg eröffnet, »um im Häßlichen die Welt zu denunzieren, die es nach ihrem Bilde schafft«, Gefahr läuft, »als Einverständnis mit der Erniedrigung [fortzudauern], in die Sympathie mit den Erniedrigten leicht umschlägt.« (ÄT, 79) Oder wie er es in den *Minima Moralia* in einem Kommentar über die Vorliebe der von ihrem schlechtem Gewissen geplagten Intellektuellen die »einfachen Leute« moralisch heilig zu sprechen, noch beißender formuliert: »Die Glorifizierung der prächtigen underdogs läuft auf die des prächtigen Systems heraus, das sie dazu macht.«[47] Aber entgegen dieser spürbar zurückhaltenderen Überlegungen, scheint es mir bedeutsam, dass Adorno trotz der zahllosen Beispiele aus dem Werk kosmopolitischer Moderner wie Baudelaire, Poe, Kafka, Mann und Beckett, die er anführt, um die Nutzlosigkeit, Unwirksamkeit und Machtlosigkeit der Kunst in einer zweckrationalen Gesellschaft als genau die Quelle ihrer besonderen Fähigkeit darzustellen, kritische Aufmerksamkeit auf die Machtlosigkeit zu richten (einschließlich der politisch bedeutsamen Frage, was es bedeuten würde, auf die Art Macht zu verzichten oder sie nicht zu besitzen, die von einer Mittel-zum-Zweck Gesellschaft am meisten privilegiert wird), dass das einzige Gedicht, das in der *Ästhetischen Theorie* vollständig wiedergegeben wird, das äußerst heimelige »kleine Gedicht« von Eduard Mörike namens »Mausfallen-Sprüchlein« ist (ÄT, 187f). Ein anderes Gedicht des »hypochondrischen Cleversulzbacher Pfarrers, den man zu den naiven

---

[47] Adorno, *Minima Moralia*, a.a.O., S. 29.

Künstlern zählt«, mit dem Titel »Auf einer Wanderung«, nimmt in der »Rede über Lyrik und Gesellschaft« einen herausgehobenen Platz ein. Hier weist Adorno darauf hin, dass Mörike einen »klassizistischen hohen Stil« heraufbeschwört, um die das ganze Gedicht überwölbende Sentimentalisierung des Heimeligen auszubalancieren, »[d]as sich Verstocken bei der Beschränktheit des je Eigenen, das [...] Ideale wie die des Behaglichen und Gemütlichen so suspekt [macht]« (RL, 92-95). Aber wo Mörikes Klassizismus in »Auf einer Wanderung« als Schutz des Gedichtes vor »der Entstellung durch *Gemütlichkeit*« oder vor der Reduktion auf den Status eines Handschmeichlers vorgestellt wird, ist das Mörike-Gedicht, das in den Text der *Ästhetischen Theorie* eingebaut ist, auch wenn es ähnlich im »Glück der nahen Dinge« schwelgt, von Anfang an offen gewalttätig:

Mausfallen-Sprüchlein

Das Kind geht dreimal um die Falle und spricht:

Kleine Gäste, kleines Haus.
Liebe Mäusin, oder Maus,
Stell dich nur kecklich ein
Heut Nacht bei Mondenschein!
Mach aber die Thür fein hinter dir zu,
Hörst du?
Dabei hüte dein Schwänzchen!
Nach Tische singen wir
Nach Tische springen wir

Und machen ein Tänzchen:
Witt witt!
Meine alte Katze tanzt wahrscheinlich mit. (ÄT, 187f.)

Wir haben einen kleinen, kompakten Text vor uns, der dem winzigen Opfer, das von der kindlichen Sprecherin des Gedichts angeredet wird, sehr ähnelt, und in seiner singsangartigen Prosodie gleichzeitig das Oszillieren zwischen Beherrschung und Passivität beziehungsweise zwischen Grausamkeit und Zärtlichkeit thematisiert und formal reflektiert, was die Ästhetik der Niedlichkeit in einzigartiger Weise auszeichnet. »Beschiede man sich« wie Adorno bemerkt, »bei seinem diskursiven Inhalt, so käme mehr nicht heraus als die sadistische Identifikation mit dem, was zivilisiertes Brauchtum den als Parasiten geächteten Tieren antut« (ÄT, 187), liest er selbst die Aneignung des gattungsspezifischen »Kinderspotts« durch das Gedicht selbst als dessen stärkste Kritik an diesem Ritual, auch wenn sich das Gedicht diesem in der Wiederholung völlig widerstandslos zu fügen scheint: »Der Gestus, der darauf deutet, als wäre es anders gar nicht möglich, verklagt, wie es ist, durch Selbstverständlichkeit, die lückenlose Immanenz des Ritus hält Gericht über diesen.« (ÄT, 188). Auf diese Weise hat der Spott des Kindes, einmal vom Gedicht angeeignet, »nicht länger das letzte Wort«; in der Tat, »[a]uf Hohn das Gedicht abzuziehen, verfehlt mit dem Gedichteten den gesellschaftlichen Inhalt.« (ÄT, 188)

Diesen Erläuterungen geht eine allgemeinere Diskussion des notwendigen Verzichtes auf explizite Akte der Verurteilung voraus, der auch für engagierte Kunst gilt, belegt durch Verweise auf Williams, Georg Trakl und Bertolt Brecht.[48] Doch letztendlich gibt Adorno einem kanonisch niedrigen und formal winzigen Text, den wir vielleicht sogar »unanständig niedlich« nennen könnten, den Vorzug für sein Argument, dass Kunst »[n]ur durch Enthaltung vom Urteil urteilt« (ÄT, 188), – eine wichtige Ergänzung zur zentralen Dialektik der *Ästhetischen Theorie*, die wir durch die Niedlichkeit besser verstehen können. Adornos tatsächliche Interpretation des »Mausfallen-Sprüchleins« als »(u)rteilsloser Reflex der Sprache auf einen abscheulichen, sozial eingeübten Ritus, übersteigt es diesen, indem es *ihm sich einordnet*« (ÄT, 188, Hervorh. S. N.) verstärkt nicht nur seine, wie ich denke, provokanteste, wenn auch nie explizit vorgetragene These – die charakteristische Macht der Kunst, Machtlosigkeit zu theoretisieren –, sie ragt auch in der gesamten *Ästhetischen Theorie* als einziges Close Reading eines Gedichtes überhaupt heraus. Überraschend, vielleicht – oder auch nicht, liest man diese unvollendete Abhandlung über Kunst und Ästhetik nicht nur durch die Brille der Niedlichkeit, sondern durch die der ganz besonderen Niedlichkeit der poetischen Avantgarde.

---

48 »Wo Brecht oder Carlos Williams im Gedicht das Poetische sabotieren und es dem Bericht über bloße Empirie annähern, wird es keineswegs zu einem solchen: indem sie polemisch den erhoben lyrischen Ton verschmähen, nehmen die empirischen Sätze bei ihrem Transport in die ästhetische Monade durch den Kontrast zu dieser ein Verschiedenes an.« (ÄT, 187).

Zur Beharrlichkeit der Kritik

Ein Gespräch mit Sianne Ngai, von Mikkel Bolt Rasmussen und Devika Sharma, geführt am 27. Februar 2017.

Rasmussen & Sharma [R&S]: Ihre Bücher *Ugly Feelings* [1]und *Our Aesthetic Categories. Zany, Cute, Interesting*[2] beschäftigen sich mit ambivalenten Gefühlen, deren Ästhetik und deren kritischen Funktionen. Auch wenn Sie in *Ugly Feelings* darauf bedacht sind, das kritische Vermögen dieser kleinen Affekte nicht überzubewerten, scheinen Sie doch mit Denkern wie Gilles Deleuze in *Bartleby oder Die Formel*[3], Michael Hardt & Antonio Negri in *Empire – Die neue Weltordnung* [4] und Slavoj Žižek in *Gewalt – sechs abseitige Reflektionen*[5] übereinzustimmen, die in Melvilles Bartleby die Verkörperung einer realistischen kritischen Haltung sehen. Es ließe sich die geschichtliche These formulieren, dass der Versuch, anhand von Bartleby-Figuren eine »passiv-kritische« oder »post-kritische« Haltung zu skizzieren etwas mit dem Moment zu tun hat, in dem die poststrukturalistische Kritik an traditionelleren marxistischen Klassenkampf-Analysen hegemonial wurde. Würden Sie dem zustimmen?

---

1 Cambridge MA 2005.

2 Cambridge MA 2012.

3 Berlin 1994, übers. v. Bernhard Diekmann.

4 Frankfurt a. M. 2002, übers. v. Thomas Atzert u. Andreas Wirthensohn.

5 Hamburg 2011, übers. v. Andreas Leopold Hofbauer.

Sianne Ngai [SN]: *Ugly Feelings* beginnt zwar mit der Figur des Bartleby, als einem Beispiel für die besondere Herausforderung, die politisch uneindeutige, nicht-kathartische Emotionen für die Interpretation darstellen. Bartleby als Schauplatz eines unbestimmten, schwer zu lesenden, aber auf jeden Fall negativen Affekts fungiert hier aber mehr als Verkörperung eines hermeneutischen Objekts (die besonderen Arten von Gefühlen, die ich untersuche) denn als Verkörperung einer kritischen Subjektivität. *Ugly Feelings* tendiert generell dazu, Gefühle eher als objektive Strukturen, denn als subjektive Stimmungen in den Blick zu nehmen. Mein Schwerpunkt liegt darauf, wie diese negativen Gefühle, ungeachtet ihrer geringen Intentionalität (in den meisten Fällen) noch eine immanente Kritikalität bewahren. Sie bereiten dem widerständigen Denken einen Weg, trotz des Fehlens von klar abgegrenzten Objekten, die für kognitive Urteile so wichtig sind. So ist das Buch letztlich eher ein Zeugnis für die Beharrlichkeit der Kritik, selbst im Angesicht ambivalenter Gefühle, als für ihr Schwinden oder ihre Auflösung.

Trotzdem ist die Verbindung, die Sie zwischen dem Aufkommen des Poststrukturalismus und dem der passiv-kritischen oder post-kritischen Haltung sehen (für die die Figur des Bartleby tatsächlich, allerdings nicht von mir, als eine Art Maskottchen heraufbeschworen wird) vielsagend und richtig. Aber ich hoffe, dass klar wird, dass ich meine eigene Praxis weder als poststrukturalistisch noch als post-kritisch begreife. Sie ist viel eher materialistisch, in der Tradition der marxistischen ästhetischen Theorie und insbesondere der feministischen Theorie. Der Einfluss des Feminismus auf meine Arbeit ist nicht immer leicht zu erkennen, denn ich schreibe nicht immer ausdrücklich über Themen, die mit Gender oder Sexualität verbunden sind. Aber er bestimmt auf sehr grundlegende Weise die Art, wie ich gelernt habe, über Kultur nachzudenken, die Auswahl meiner Gegenstände und die Vertiefung in der Analyse.

Tatsächlich würde ich meine Praxis als anti-post-kritisch charakterisieren – in Abgrenzung zu einer Reihe eng miteinander verknüpfter intellektueller Trends im amerikanischen Diskurs wie das »Surface Reading«, die objekt-orientierte Ontologie, oder die Rückbesinnung auf die Schönheit. Es ist interessant, dass die hier von mir genannten Strömungen sich selbst als *Korrekturen* der Exzesse des Poststrukturalismus verstehen, nicht als Fortsetzung seines Vorhabens. Aber ich glaube, dass es genau das ist, was das Post-Kritische ausmacht: die Fortsetzung und sogar Intensivierung bestimmter Aspekte des poststrukturalistischen Denkens.

Allerdings lehne ich das poststrukturalistische Denken nicht rundweg ab. Insbesondere der feministische Poststrukturalismus hat mich stark beeinflusst, weil er immer entschieden kritisch geblieben ist und sich das bewahrt hat, was das Post-Kritische selbst qua Abgrenzung definiert hat. Denken Sie an Nietzsche, der oft als Vorläufer feministischer Denkerinnen wie Irigaray, Butler und Wittig, sowie Deleuze, Foucault und Baudrillard genannt wird. Nietzsche hat eine Hermeneutik des Verdachts praktiziert und die Differenz zwischen dem, wie die Dinge sind, und dem, wie sie uns erscheinen, genauso ernst genommen wie Marx und Freud.

Ich glaube aber auch, dass die Phase der poststrukturalistischen Hegemonie, wie Sie es genannt haben, schon wieder vorbei ist, und dass wir nun ein interessantes und spannendes Aufblühen neuer Formen marxistischer und feministischer Analysen erleben. Ich vermute, einige davon könnten auch als »passiv« beschrieben werden, insofern sie sich auf die Auswirkungen sozialer Formen und Strukturen konzentrieren, im Gegensatz zu den Handlungsmöglichkeiten der Subjekte traditioneller Klassengegensätze. (Ich denke hier vor allem an die Wertform-Analyse und jüngste Arbeiten zu Gender und der Theorie sozialer Sphären, wie sie zum Beispiel bei *Endnotes*[6] erschienen sind.) Nachdenken über Politik heißt sicherlich immer auch Nachdenken über Aktion und Wirkung, doch es ist wichtig, gerade für letzteres feiner nuancierte Methoden zu entwickeln. Wie Anne Cheng in ihren jüngsten Arbeiten zu Schwarzer und Asiatischer Weiblichkeit, Ästhetik und Recht hervorhebt, scheint das souveräne Subjekt immer noch die implizite Norm zu sein, an der wir die eingeschränkten Handlungsmöglichkeiten derer messen, die offiziell Nicht-Subjekte sind, denen der Status als Subjekt rechtlich oder existenziell verwehrt wird. Das ist auch in Lauren Berlants Arbeiten ein wichtiger Aspekt.

In *Our Aesthetic Categories* und in neueren Arbeiten zu dem, was Marx Realabstraktionen nennt, fokussiere ich mich stärker auf die Wirkmacht, die kapitalistische Formen und Strukturen entfalten. Und auf das, was wir in den gewöhnlichen, wenngleich faszinierend komplexen affektiven Sprechakten vollführen, die

---

6 endnotes.org.uk

Akte unserer alltäglichen ästhetischen Werturteile, mit denen wir nämlich jene Strukturen und Formen der Vergesellschaftung, die diese Urteile sowohl voraussetzen als auch erst möglich machen, teilweise aufzeichnen und sogar aufheben.

[R&S] Eine Anschlussfrage: Wir schätzen Ihre kluge Anregung sehr, dass hässliche Gefühle oft auf eine Situation blockierter Handlungsmöglichkeiten hinweisen. Aber können hässliche Gefühle auch politische Handlungsmöglichkeiten eröffnen? Oder, anders gesagt, ist es möglich, von hässlichen oder kleinen Gefühlen zu einer hässlichen beziehungsweise kleinen Politik zu gelangen? Und wie ließe sich eine solche Politik in einem größeren Maßstab entfalten/umsetzen?

[SN] Auf jeden Fall. Neid ist ein klassisches Beispiel. Er ist die einzige negative Emotion im Repertoire des Subjekts spätkapitalistischer Gesellschaften, die aus der Erkenntnis der sozialen bzw. Verteilungsungleichheit resultiert. So hat Neid das Potenzial, ein Gefühl zu werden, das Subjekte durch ihren Sinn für die gemeinsame Gegnerschaft gegen die zusammenführt, die das besitzen, was sie nicht haben. Neid unterstreicht und versetzt uns in die Lage, diesen Unterschied in der objektiven Verteilung von Besitz (inklusive von Eigenschaften wie »Fähigkeit« oder »männliches Privileg«) schärfer und deutlicher zu erkennen. »Wer nicht mit uns neidet, ist gegen uns!«[7] ist die Parole, die Helmut Schoeck in seinem maßgeblichen Werk über dieses Gefühl gerne

7 *Der Neid. Eine Theorie der Gesellschaft*, Freiburg, München 1966, S. 201.

zitiert. Neid hilft Subjekten, ein »Wir« zu definieren, und auch einen »Feind«. Damit verweist er auf zwei bekannte Theorien des Politischen: die Bildung und Sichtbarmachung von Gemeinschaften und Gemeinschaftlichkeit, und Schmitts Konzept der Konstruktion des Feindes.

Das reicht eigentlich schon, um zu erklären, warum die affektive Bewältigung von Neid so eine wichtige Rolle spielt und warum diese Bewältigung kulturell so produktiv ist. Alle anderen Gefühle oder Affekte, die in *Ugly Feelings* behandelt werden, wurden nie so personalisiert und psychologisiert wie der Neid, in einer Weise, die die Objektivität seines Gegenstandes (Ungleichheit) immer wieder für epistemologischen Zweifel anfällig macht. Sogar dann, wenn das Ungleichheitsverhältnis, das der Neid erkennbar macht, ein nacktes Faktum ist – und nicht eine Sache individueller psychologischer »Perspektive«.

Eigentlich ist es nicht skandalös, dass die, die durch Notwendigkeit dazu gezwungen sind, ihre Arbeitskraft zu verkaufen, jene beneiden, die das nicht tun müssen. Oder dass Frauen, denen die Privilegien der Männer verwehrt werden, die Männer beneiden, die sie besitzen. Doch Neid wird immer moralisch verteufelt. Das Gefühl der Scham, das das Selbstgefühl der Individualität auf unangenehme, unerwünschte Weise stabilisiert, umhüllt den Neid so fest, als ob es dessen fundamentale gesellschaftliche und diagnostische Macht ersticken müsse. Es verwandelt Neid in eine dysphorische negative Emotion, die das Subjekt vermeiden oder verleugnen möchte.

Kapitalistische Gesellschaften, in denen die Ungleichheit am stärksten ausgeprägt ist, haben äußerst einfallsreiche Verfahren entwickelt, mit Neid umzugehen und ihn zu kontrollieren. Das lässt sich schon an Adam Smiths *Theorie der ethischen Gefühle*[8] ablesen, die ich, Jean-Pierre Dupuy folgend, weniger als positive Theorie des Mitgefühls lese, denn als negative Theorie des Neids – eine Theorie darüber, wie die »Zivilgesellschaft« ihren Zusammenhalt im intersubjektiven Management dieser sozial destabilisierenden Emotion findet. Selbst Nietzsche gesteht dem Neid widerwillig und halb bewundernd schöpferische und kulturelle Kräfte zu, wenn er ihn in der *Genealogie der Moral* angreift. Genau deswegen setze ich mich in *Ugly Feelings* für eine amoralische Umwertung des Neids und besonders des feministischen Neids ein.

Die Verärgerung ist eine weitere Form, gesellschaftliche Unzufriedenheit zu registrieren und daher ein interessantes Beispiel für die potenzielle Übersetzung von Gefühlen in Politik, die Sie beschreiben. Sie ist fast schon eine Art Metabeispiel, da sie die Frage nach der Bedeutung des Unterschieds zwischen schwachen und starken negativen Affekten, der ich in *Ugly Feelings* nachgehe, bereits durch ihre bloße Form stellt. Muss man den Unterschied zwischen Verärgerung und Wut als graduell oder als wesenhaft verstehen? Was steht in *dieser* Differenz politisch auf dem Spiel? Um darauf eine Antwort zu finden, beschäftige ich mich mit Nella Larsens 1929 erschienenen Roman *Quicksand* aus der Harlem Renaissance. Larsens Roman ist ein faszinierender Versuch mit der Verärgerung klarzukommen, angesichts der unablässigen Folge von Mikroaggressionen, mit denen sich die Schwarze Protagonistin ständig auseinandersetzen muss, wäh-

8 2. Bde., Hamburg 1926.

rend sie es sich aber nicht erlauben kann, darüber in Wut zu geraten. Die Soziologin Micki McGee merkt an, dass Verärgerung der affektive Hauptbestandteil des »Problems, das keinen Namen trägt« zu sein scheint, über das Betty Friedan in *Der Weiblichkeitswahn oder die Selbstbefreiung der Frau*[9] schreibt. Bei Friedan hängt der Übergang vom Gefühl zur Politik von der Möglichkeit ab, dass die Verärgerung der Hausfrau sich durch Intensivierung doch endlich in Wut *verwandelt*. Bei Larsen dagegen liegt das Politische in der Tatsache, dass genau das nicht funktioniert.

[R&S] In *Ugly Feelings* und in *Our Aesthetic Categories* beschreiben Sie das Erhabene als eine ästhetische Kategorie und als Gefühlsbegriff, der die heutige ästhetische Erfahrung und Subjektivität nicht besonders gut trifft, was teilweise auch daran liegt, dass er so eng an überwältigende Phänomene wie Ehrfurcht, Schrecken, Transzendenz und Undarstellbarkeit gekoppelt ist. Aber könnte man nicht auch behaupten – mittels des von Bruce Robbins geprägten Begriffs vom »Sweatshop Sublime«[10] (dem Erhabenen der Ausbeutung) –, dass die gegenwärtige, ganz gewöhnliche Lebenserfahrung im globalen Kapitalismus, in dem man systemischer Ungerechtigkeit ausgesetzt ist und von den Strukturen der Ungleichheit sowohl privilegiert als auch paralysiert wird, genau das ist: eine hässliche Erfahrung des Erhabenen? Eine Erfahrung, die kollektive Apathie und gesellschaftliche Machtlosigkeit aufzeigt – und oftmals eine nicht-kathartische Ästhetik

---

9 Reinbek 1966.

10 »The Sweatshop Sublime«, in: *PMLA, Publications of the Modern Language Association*, Jg. 117, Nr. 1, Januar 2002, S. 84-97.

hervorbringt? Vielleicht hängt diese entmachtende Version des Erhabenen sogar irgendwie mit den paranoiden Gefühlen unter den Bedingungen der Komplizenschaft, die Sie in *Ugly Feelings* so klar analysieren, zusammen?

SN: In gewisser Weise greife ich das, was Sie beschreiben, in *Ugly Feelings* auf. Dort wird das Gewöhnlichwerden des Gefühls der Überforderung in der paradoxen Gefühlsstruktur verdichtet, die ich Stuplimity[11] nenne, in der das klassisch erhabene Gefühl der Ehrfurcht auf fast schon komische Weise mit dem Gefühl der Erschöpfung und Langweile verkoppelt wird. Stuplimity liefert damit ein überspitztes Beispiel der affektiven Inkongruenz am Grund der kapitalistischen Erhabenheit, und verweist gleichzeitig auf deren Normalisierung und Banalisierung. Es handelt sich dabei in gewisser Weise um eine Intensivierung und zugleich eine Domestizierung.

Wie auch immer, Ihre Frage zielt darauf ab, wie, so hat es Lilian Rösling während unseres Gesprächs in Kopenhagen formuliert, geringe affektive Intensitäten und die ästhetischen Erfahrungen, die aus ihnen hervorgehen, tatsächlich Antworten auf Erfahrungen hoher Intensität sein können, oder sogar Methoden, diese zu bewältigen. Die hyperkommodifizierte, leistungsgetriebene, informationsgesättigte Welt des Kapitalismus ist sicherlich intensiv. Aber die meisten unserer Verfahren, sie kognitiv zu verarbeiten, ästhetisch zu betrachten oder sie auch nur affektiv zu bewohnen, sind es nicht.

---

11 »Stuplimity« ist ein Kofferwort aus stupidity und sublimity, Dummheit und Erhabenheit; A. d. Ü.

Andererseits *sind* einige unserer alltäglichen Praktiken, diese Welt ästhetisch zu verarbeiten, intensiv. Ich denke dabei an Schrägheit[12] und Niedlichkeit, »zaniness« und »cuteness«. Tatsächlich haben Wissenschaftlerïnnen herausgefunden, dass Niedlichkeit dieselben Regionen des Gehirns anspricht wie Drogen, zum Beispiel Kokain. Beim Übergang von *Ugly Feelings* zu *Our Aesthetic Categories* hat sich mein Fokus vom Thema des niedrigen oder unklaren Gefühls an sich auf die affektiv uneindeutige Situation verschoben, die aus dem Zusammentreffen widersprüchlicher Affekte entsteht: Zärtlichkeit und Aggression im Fall des Niedlichen, Spaß und Nicht-Spaß beim Schrägen, Interesse und Langweile im Fall des lediglich Interessanten.

Aber lassen Sie mich zurück auf das Erhabene kommen, genauer auf das »Sweatshop Sublime«, das ich für Leserïnnen, die den Essay nicht kennen, kurz zusammenfasse. Bei Robbins ist das »Sweatshop«- oder kapitalistische Erhabene eine ästhetische Antwort auf die Negativität oder die Meta-Wahrnehmung einer kognitiven und/oder wahrnehmungsbezogenen Schwierigkeit. Erstens, die Herausforderung an das Subjekt oder die Intellektuelle, sich oder ihre eigene Position in einer unüberschaubaren und komplizierten globalen Totalität zu begreifen (in Robbins Beispielen scheint sich dieses Begreifen nur in blitzartigen Gestaltförmigen Epiphanien zu ereignen.) Zweitens, die Schwierigkeit, *von* dieser selten oder schwer zu erlangenden Epiphanie zum Handeln, zur Aktion zu gelangen (wobei »Handeln« etwas ist, vor

12 »Zaniness«, bzw. »zany« werden hier und im Folgenden mit »Schrägheit« bzw. »schräg« übersetzt; darin schwingen Exzentrik, Absurdität und immer auch Komik mit. (A. d. V.)

dessen Idealisierung Robbins die Intellektuellen warnt). Frederic Jameson erkundet die formalen und repräsentativen Implikationen dieses Problems am eindringlichsten in *The Geopolitical Aesthetic*[13], wo er argumentiert, dass die Paranoia der Verschwörungsfilme aus dem späten 20. Jahrhundert ein kompromittierter, aber trotzdem heilsamer »Versuch« ist, die Totalität eines Systems zu denken, dessen Komplexität und Ausmaße grundsätzlich die mentalen Fähigkeiten zu überschreiten scheinen, die uns zu seiner Verarbeitung zur Verfügung stehen.

Ich begreife diese teils dysphorische, teils euphorische Erfahrung des Kapitalismus als Herausforderung für die Wahrnehmung, die Erkenntnis und die Repräsentation, eine Herausforderung, für die Robbins und Jameson das Kantische Erhabene bemühen, um sie zu beschreiben. Mir sind präzisere Darstellungen der komplexen kapitalistischen Gefühlswahrnehmungen wesentlich wichtiger, da sie überhaupt erst zum Erhabenen führen. Und ich stimme Ihrem Hinweis voll und ganz zu, dass in der Erfahrung des Überwältigtseins im Kern des Sweatshop- bzw. kapitalistischen Erhabenen etwas sehr *Gewöhnliches* steckt.

Warum ist also das Erhabene in *Our Aesthetic Categories* dann keiner der bevorzugten »Stepppunkte« für eine allgemeine Theorie der kapitalistischen ästhetischen Erfahrung? Das ist so eine tolle Frage, ich hoffe, es ist okay, wenn ich mir für die Antwort ein wenig mehr Raum als üblich nehme.

Erstens: Ich bin skeptisch, inwiefern der Fokus auf eine Erfahrung der Ehrfurcht, die den (scheinbaren) Zusammenbruch

---

13 Bloomington IN 1992.

unserer Fähigkeit unsere eigene gesellschaftliche Totalität zu denken ästhetisiert, nicht der postmodernen Neigung Vorschub leistet, sich im Erhabenen zu suhlen. Hier denke ich nicht an Theoretiker wie Robbins und Jameson. Ich denke an andere Theoretikerinnen aus den schillernderen Sphären der Kunstwelt, die versucht haben, die Erhabenheit in den Mittelpunkt der zeitgenössischen ästhetischen Theorie stellen, um die Idee von »Kunst als Form der Emanzipation qua kognitiver Ohnmacht« stark zu machen, – wie das Anne Fastrup in einem Gespräch in Kopenhagen formuliert hat. Wie Fastrup finde ich diese Vorstellung von Kunst extrem abstoßend.

Das Erhabene handelt davon, inwiefern wir das System des Spätkapitalismus nicht verarbeiten oder gar nicht verarbeiten können. Ich bin hingegen an den ästhetischen Werturteilen interessiert, durch die ganz gewöhnliche Subjekte genau das *tun*: ihn erkenntnis- und wahrnehmungsmäßig verarbeiten. Diese ästhetischen Kategorien sind aus *genau diesem Grund* wesentlich für die kapitalistische Kultur als Ganzes. Sie übernehmen mehr kulturelle Arbeit, mehr imaginierte Problemlösung für uns als das Erhabene. Jede Ästhetisierung der Machtlosigkeit des Subjekts im Angesicht großer Macht oder Komplexität neigt dazu, quasireligiöse Empfindungen zu befördern, selbst wenn ihr Gegenstand der Kapitalismus ist und nicht Gott oder die Unendlichkeit. Möglicherweise ist das der Grund, warum wir in der Berichterstattung aus der Finanzwelt so viel von dieser Sublimierung, vom Erheben des Kapitalismus hören, während es in Alltagsgesprächen keine Rolle spielt (dazu später mehr). Wie Chris Nealon in

The Matter of Capital[14] zeigt, hat der allenthalben verbreitete postkeynesianische Diskurs über die Krise von 2008 zwar zum ersten Mal seit mehr als einem halben Jahrhundert die Möglichkeit in Betracht gezogen, dass der Kapitalismus vielleicht doch keine historische Unhintergehbarkeit ist, war aber dennoch nicht in der Lage, sich Alternativen vorzustellen und fiel im Moment dieser ideologischen Blockade stattdessen regelmäßig in einen »theologischen Sprachduktus« zurück (S. 140). Jede Anrufung des kapitalistischen Erhabenen scheint den Kapitalismus noch weiter zu erheben.

Zweitens ist und war das Erhabene kein Bestandteil irgendwelcher Alltagsgespräche über ästhetische Erfahrung. Diese Abwesenheit im alltäglichen Gespräch über Ästhetik leuchtet ein, schließlich ist die Erhabenheit genau die ästhetische Erfahrung, in der das Reden aufhört – in der das urteilende Subjekt in Schweigen verfällt. Im Gegensatz dazu aktiviert so ziemlich jede andere ästhetische Erfahrung das Begehren des urteilenden Subjektes, Begriffe oder Sprache zu finden, um sie zu teilen. Anders als das Interessante, das Niedliche und das Schöne (im Sinne Kants), die den Wunsch erzeugen, diese Urteile mit anderen zu teilen, sogar auf die Gefahr hin, sich zu entblößen, Widerspruch zu erregen oder sich lächerlich zu machen, ist Erhabenheit eine grundsätzlich anti-diskursive Erfahrung. Sie ist somit eine stark individualisierende, sogar isolierende Erfahrung.

Dagegen erlebe ich den Gebrauch von »niedlich« jeden Tag gleich mehrfach und durch so ziemlich jeden: meine Mutter, Kol-

---

14 Cambridge MA 2012.

legïnnen an der Uni, Studierende, Journalistïnnen, Architektïnnen, Kinder. Ich höre »interessant« im Lebensmittelladen, beim Zahnarzt, im Fernsehen, im Seminarraum, in Gedichten, auf Social Media, in Modemagazinen und in Fachartikeln, als eine Möglichkeit, Unterhaltungen besonders über ästhetische Phänomene zu eröffnen, weiterzuführen oder zu erweitern. »Interessant« ist als Werturteil so geläufig im Gebrauch, dass Bourdieu es in seinen Umfragen zum Geschmack der französischen Arbeiterklasse als eine der vier »Basis«-Auswahlmöglichkeiten verwendet hat. Die anderen sind schön, hässlich und nichtssagend. Diese Auswahl stellt das Interessante implizit dem Nichtssagenden als strukturelles Gegenteil gegenüber und macht es damit – auf eine noch zu untersuchende Art und Weise – fast zu einem Synonym des *Viel*sagenden. Jedenfalls ist das Erhabene, warum auch immer, schlicht kein Element der erstaunlich widerstandsfähigen öffentlichen Sprache, – widerstandsfähig sogar angesichts stetig schwindender Gemeingüter –, in der Subjekte des Kapitalismus ihren Erfahrungen Ausdruck verleihen. Wer benutzt diesen Begriff abgesehen von professionellen Philosophïnnen und Theoretikerïnnen? In welchen Diskussionen über Ästhetik, außer in akademischen, kommt er überhaupt vor? Die Abwesenheit des Erhabenen im Alltagsdiskurs muss ernstgenommen werden.

Der Begriff gehört nicht zum Wortschatz, den gewöhnliche Menschen verwenden, um ihre ästhetischen Empfindungen zu artikulieren – wozu wir uns merkwürdigerweise, fast schon auf perverse Art, gedrängt fühlen.

Dieser Drang oder die empfundene Notwendigkeit, ein Urteil, das auf irreduziblen subjektiven Empfindungen von Lust und Unlust basiert statt auf Begriffen oder Regeln, nicht nur mitzuteilen, sondern dafür *Zustimmung zu fordern*, – und das auch noch aus der objektivierenden Perspektive der dritten Person (nicht: »Ich finde X schön«, was unproblematisch und sachlich korrekt ist, sondern als »X ist schön«, und damit förmlich zu Widerspruch und Streit einladend) –, ist genau das, was ästhetische Urteile so faszinierend macht. Es belegt außerdem, dass es beim ästhetischen Urteil, – und der ästhetischen Erfahrung, die meiner Ansicht nach vom Urteil untrennbar ist –, im Grunde um Sozialität geht. Gerade wenn ich die diese dialogische Dimension des Ästhetischen so ernstnehme und die affektiv komplexen, historisch spezifischen Arten, in denen wir urteilen und unsere Urteile begründen, als zentral für das Verständnis ästhetischer Erfahrung an sich betrachte, kann ich das Erhabene nicht als die bevorzugte Kategorie einsetzen, um über die Ästhetik des Spätkapitalismus insgesamt nachzudenken.

Tatsächlich halte ich die systematische Rückbindung verbaler Wertungshandlungen an nicht-diskursive ästhetische Stile für eine der theoretisch besonders fruchtbaren Leistungen von *Our Aesthetic Categories*. Der erstgenannte Aspekt fehlt in vielen Behandlungen des Themas oft komplett. Deswegen ist es mir sehr wichtig, den »subjektiven« wie auch diskursiven Aspekt der ästhetischen Erfahrung, – empfindungsbasiertes Urteilen, ein affektiv komplexer, perlokutiver Sprechakt –, wieder in Beziehung zu den »objektiven«, meist nicht-diskursiven Stilen zu setzen, die üblicherweise in Literaturwissenschaft, Kunstgeschichte, Performance Studies und Kulturwissenschaften analysiert werden. Ein letzter Grund, warum das Kantische Erhabene für meine Beschäftigung mit der kapitalistischen Ästhetik nicht zentral ist, betrifft seine Form. Das Kantische Erhabene löst letztlich den Moment der Dysphorie in einen der Euphorie auf, und kommt emphatisch im Hochgefühl des Letzteren zum Abschluss. Die Beurteilung des Erhabenen, auch wenn sie zwei affektiv sehr unterschiedliche Phasen umfasst, geschieht schlussendlich, wie die der Schönheit, aus Überzeugung. Es ist für beide Urteile unmöglich, vieldeutig zu sein.

Das ist bei den ambivalenten ästhetischen Kategorien, die im Zentrum meiner Untersuchung der Ästhetik des Kapitalismus stehen, nicht der Fall. Etwas als »niedlich« zu bewerten, kann ein Kompliment oder eine Beleidigung sein, man drückt damit seine Verachtung oder Bewunderung aus, und oft beides gleichzeitig. »Interessant« kann, wie schon oft gescherzt wurde, ebenso gut »langweilig« meinen. Es ist noch nicht einmal klar, ob man etwas lobt oder abwertet, wenn man es »schräg« nennt; es ist oft noch nicht einmal klar, ob diese Bezeichnung überhaupt mit einer Bewertung aufgeladen ist. Niedlich, interessant und schräg sind derart mehrdeutige Bewertungen, dass sie sowohl eine positive als auch negative Form annehmen können. Sie können außerdem starke oder schwache Werturteile sein, während das Erhabene ausschließlich stark sein kann. (Man kann nicht sagen »Hmm, ich denke, das ist irgendwie … erhaben«, während das mit niedlich sehr wohl möglich ist.)

Das ist wichtig, denn ich denke, dass die *unaufgelöste* Mehrdeutigkeit, die für niedlich, interessant und schräg wesentlich ist, auf eine historische Einzigartigkeit der ästhetischen Erfahrung von spätkapitalistischer Kunst und Kultur generell verweist. Für urteilende Subjekte, die mit einem unaufhörlichen Strom von Werbung aufgewachsen sind, die intuitiv begreifen, was *Gesellschaft des Spektakels* bedeutet, ohne Debord gelesen zu haben, und wahrscheinlich ganz besonders für weibliche und rassifizierte Konsumentïnnen, die wissen, was es bedeutet, die »eigenen« ästhetischen Urteile ständig zu hinterfragen (»Ist es falsch, dass mir Cheongsams gefallen?«), basieren die meisten unserer ästhetischen Urteile nicht auf Überzeugung. Ästhetische Urteile, die auf gemischten oder ambivalenten Gefühlen beruhen, überwiegen in einer Welt des »totalen Designs«, wie es Hal Foster nannte, in der jedes hergestellte Ding ein zum-Verkauf-hergestelltes-Ding ist, und daher durch und durch erforscht und ästhetisch gestaltet ist, um das anzusprechen, was die Konsumentïnnen sein und begehren sollen. Wie könnte es im Kern unserer geläufigsten ästhetischen Erfahrungen keine grundlegende Instabilität geben, bis hin zu offenem Misstrauen und Zweifel, wie sie zum Beispiel im kapitalistischen Gimmick (meinem aktuellen Projekt) verkörpert sind?

Um zu einem unserer vorherigen Diskussionspunkte zurückzukehren: Die affektive Unbestimmtheit im Kern eines ästhetischen Werturteils wie dem des Gimmicks oder des Niedlichen bedeutet nicht zwangsläufig, dass die ästhetische Erfahrung selbst *schwach* ist. Robert Pfaller erinnert uns daran, dass Freuds Auffassung von Ambivalenz, die Kopräsenz von negativen und positiven Gefühlen zu X, keine Situation vorsieht, in der ein Affekt die Wirkung des anderen neutralisiert. Anders gesagt: Ambivalenz kennt keine psychische »Arithmetik«, so dass wir am Ende mit einer etwas weniger negativen Beziehung zu X dastehen würden, als der, die wir hätten, wenn es keine positiven Affekte gäbe und umgekehrt. Stattdessen *verstärkt* die Ambivalenz gegenüber X die affektive *Intensität* unserer Verbundenheit mit X *insgesamt*. Aus dieser Perspektive bezeugt die Koexistenz axiologisch kollidierender Gefühle im Kern der ästhetischen Urteile/Erfahrungen von niedlich, interessant und schräg die affektive Stärke als ästhetische Urteile/Erfahrungen, und keinesfalls deren Mangel. Gleichzeitig, und das ist kein Paradox, sind diese ästhetischen Urteile/Erfahrungen intensive – oder unzweideutige – Begegnungen *mit* Uneindeutigkeit. Das Niedliche, das Interessante und das Schräge zeigen, dass eine kraftvolle Begegnung mit Ambivalenz nicht nur möglich ist, sondern auch, wie gewöhnlich diese Situation ist.

[R&S] Wenn Sie in *Our Aesthetic Categories* einerseits die Beziehung zwischen unterschiedlichen kulturellen Phänomen, die sie sehr genau betrachten, und andererseits Fragen der politischen Ökonomie, die sie indirekter behandeln, beschreiben, legen Sie nahe, dass es bei ästhetischen Kategorien um Produktions-, Konsumptions- und Distributionsprozessen im Spätkapitalismus geht. Sie verwenden außerdem Begriffe wie »indizieren«, »registrieren« und »reflektieren«, um diese »Beziehung der ›Aboutness‹, des ›von-etwas-zu-Handeln‹« zu beschreiben. Für viele von uns aus den Kunst- und Kulturwissenschaften stellt »Repräsentation« wohl das vertrautere Modell für ›Aboutness‹

dar, aber Sie scheinen nicht besonders an Praxen kultureller Repräsentation interessiert zu sein. Warum nicht?

[SN] Ich verwende Begriffe wie »indizieren« und »registrieren«, um den Zusammenhang zwischen diesen ästhetischen Kategorien und den kapitalistischen Wirkungsebenen zu betonen, auf die sie sich beziehen. Die Warenästhetik der Niedlichkeit handelt von der Konsumkultur und ist zugleich ein Teil von ihr. Die postfordistische Schrägheit handelt von der »Leistung-um-jeden-Preis«-Kultur der Arbeitswelt, und ist zugleich ihr Produkt. Diese ästhetischen Stile partizipieren an den sozialen Beziehungen, die sie indizieren, oder verstärken sie, was ein weiterer Grund dafür ist, warum ich es vorziehe zu sagen, sie »registrieren« oder »zeichnen sie auf«, anstatt sie nur passiv zu »repräsentieren«. Sie sind ein wesentlicher Bestandteil der größeren gesellschaftlichen Phänomene, auf die sie sich beziehen, wie Rauch ein Teil des Feuers und daher auch sein Index ist.

Diese ästhetischen Stile können natürlich ausdrücklich in den Dienst der Repräsentation dessen gestellt werden, was sie selbst nicht ausdrücklich repräsentieren. Die Niedlichkeit etwa eines Welpen, eines Paar Sockens oder eines Gedichtes »repräsentiert« weder gegenderte Machtasymmetrien noch unsere ambivalente Haltung gegenüber Konsumwaren. Aber sie kann dafür mobilisiert werden. Und natürlich kann Niedlichkeit selbst expliziter Gegenstand der Repräsentation oder des Nachdenkens sein, wie es in den D.O.B.-Gemälden von Murakami klar der Fall ist. Ich habe den Eindruck, dass selbst die brillantesten künstlerischen Auseinandersetzungen mit einem ästhetischen

Stil oder Kategorie unvermeidlich Gefahr laufen, dessen/deren formale Eigenschaften zu übernehmen. Eine Auseinandersetzung mit Niedlichkeit, – ihrer Logik, ihrer Ideologie, ihrer Politik –, muss nicht zwingend niedlich sein, aber sie ist es oft.

Ich mag das Wort »registrieren/aufzeichnen« aber auch, weil die Konnotationen mit Gedrucktem oder offiziell aufgezeichneten Informationen auf die gesellschaftlichen Kräfte des Dings verweisen, das uns registriert, darauf, wie wir dadurch geprägt und materiell verändert werden, dieses Dings, das manchmal eine gesellschaftliche oder eine kapitalistische Abstraktion ist. »Registrieren« fängt die kontraintuitiv instinktive Art und Weise ein, wie, etwa in unserer Erfahrung des Niedlichen, so etwas wie unser komplexes und ambivalentes Verhältnis zur Warenform Einfluss auf unseren Wahrnehmungsapparat nimmt.

[R&S] In Ihrer Arbeit verweisen Sie auf die Verfahren, mit denen ästhetische Werturteile gesellschaftliche Konflikte und asymmetrische Machtverhältnisse registrieren. Für uns ist das eine ausgesprochen relevante und analytisch produktive Beobachtung. Trotzdem erscheinen die sozialen Konflikte, auf die Sie unsere Aufmerksamkeit richten, etwas abstrakt oder »theoretisch«. Wie würden Sie die Rolle oder den Status beschreiben, den soziale Ungleichheit und Herrschaftsformen (Rassismus, Sexismus, Ausbeutung usw.) in Ihrer Arbeit haben?

[SN] Vielleicht ist es hilfreich, wenn ich meine Wahrnehmung, wie gesellschaftliche Konflikte im ästhetischen Urteil reflektiert werden, mit dem vergleiche, was Pierre Bourdieu in *Die feinen*

Unterschiede macht, da er einer der bekanntesten Autorïnnen zu diesem Thema ist. Auch wenn sie nicht alles erklärt (und tatsächlich vieles auslässt), nehme ich Bourdieus These, dass unsere ästhetischen Vorlieben in Wirklichkeit Ausdruck von Abneigungen gegen oder sogar Ekel vor den Vorlieben anderer gesellschaftlicher Klassen sind, sehr ernst. Der zentrale Unterschied liegt für mich darin, dass ich nicht glaube, dass sie das immer und nur dies sind. Ästhetische Urteile können Akte neidischer Distinktion sein, lassen sich aber nicht darauf reduzieren. Denn wenn dem so wäre, dann wäre das ästhetische Urteilen nicht die reflexive Quelle intellektueller und ästhetischer Faszination, die es so offensichtlich ist. Denken Sie nur an die hohe Anziehungskraft von Fernseh-Shows wie *Project Runaway* oder *Top Chef*, in denen ständig bewertet wird. Es wäre einfach zu langweilig: immer nur der sich endlos wiederholende gleiche Akt gesellschaftlicher Distinktion. (Bezeichnenderweise sind die Urteile, an die Bourdieu zu denken scheint, wenn er diesen Aspekt betont, nicht-beschreibende, rein bewertende »Daumen hoch«- oder »Daumen runter«-Urteile, keine Urteile mit ausführlichen inhaltlichen Begründungen wie niedlich oder schräg.)

Also ja, ich glaube, wenn wir ästhetisches Urteilen auf Ideologie in Form von gehässigem Distinktionsgehabe und Snobismus reduzieren – was natürlich manchmal vorkommt – verdeckt das unseren Blick auf 95 Prozent des Gesamtbildes. Einschließlich dessen, wie Urteile auf *andere* Art ideologisch sein können als es der Snobismus zeigt, der sicher nicht die einzige Herrschaftstechnik des Kapitalismus ist! Es hält uns davon ab, danach zu fragen, was ich für das Interessanteste an ästhetischen

Urteilen halte, nämlich die merkwürdig gesteigerte Intensität, die das Fällen des Urteils umgibt. Die Leute haben *Vergnügen* an der sprachlichen Performanz ästhetischen Urteilens und den daraus folgenden unvermeidlichen Debatten und Begründungen. Die Szene des ästhetischen Urteils scheint grundsätzlich immer gefühlsgeladen zu sein, selbst wenn die Urteile selbst milde ausfallen oder nicht gefühlsintensiv sind.

Warum das so ist? Wegen der Diskursivität, der Öffentlichkeit und der Sozialität ästhetischen Urteilens. Wir urteilen nie allein, sondern nur im Verhältnis zu anderen Urteilenden. Und doch ist diese Sozialität in der ästhetischen Empfindung selbst irgendwie verdeckt oder nie unmittelbar evident. Sie muss durch die Kritik oder einfacher gesagt durch die Praxis des alltäglichen ästhetischen Diskurses enthüllt werden. Diese Sozialität schafft Raum für vielfache Widersprüche, die nicht unbedingt gehässig oder verächtlich sein müssen. Ent-Identifizierungen, die durch ästhetische Bewertungen veranlasst werden, erzeugen oft auch Formen des positiven Zusammenschlusses mit anderen.

Bisher habe ich darüber gesprochen, wie sich gesellschaftliche Konflikte auf »äußerliche« Weise im ästhetischen Urteil zeigen, oder über Konflikte als das, was Geschmack erst erzeugt. Strukturelle Ungleichheiten, die vom Kapital erzeugt und nutzbar gemacht werden, sind den ästhetischen Kategorien, die mich interessieren, aber auch »innerlich«. Die ästhetische Erfahrung von Niedlichkeit ist an unsere Wahrnehmung des fundamentalen Ungleichgewichtes in der Machtverteilung zwischen uns selbst und der niedlichen Ware geknüpft: einem notwendig unbedrohlichen und deswegen oft verweiblichten oder verkindlichten Objekt. Unser Bewusstsein dieser Asymmetrie – der Tatsache, dass das niedliche Objekt nicht die Macht hat, uns zu schaden, aber wir die Möglichkeit, ihm etwas zuleide zu tun – erzeugt mehrdeutige Gefühle: Aggressivität genauso wie Zärtlichkeit, Verachtung und/oder Ekel genauso wie Bewunderung. Wir ziehen immer noch einen gewissen Grad an Vergnügen daraus, weshalb auch so oft darauf hingewiesen wird, dass Sadismus und Niedlichkeit zusammengehören. Und wenn Niedlichkeit auf eine grundlegende Weise eine Warenästhetik ist, ein Urteil/eine Erfahrung, die es der Verbraucher'in ermöglicht, ihre Beziehung zur Ware *als* harmlose, unbedrohliche Form zu konstruieren, dann ist Schrägheit eine ästhetische Kategorie zur Produktion oder Arbeit. Die Antwort auf die Frage, die ich in diesem Kapitel von *Our Aesthetic Categories* stelle, nämlich warum dieser spielerische Stil so stressig und unangenehm wirkt, und noch etwas komplexer, warum so viele Generationen Vergnügen an dieser sehr doppelbödigen Kombination von Spaß und Stress gefunden haben, liegt darin, dass Schrägheit schon immer eine ästhetische Kategorie über ungleich verteilte, aber gesellschaftlich obligatorische Affektarbeit ist – Arbeit, die geschichtlich von bestimmten Subjektgruppen im Gegensatz zu anderen geleistet wurde.

Die ästhetischen Kategorien, die ich untersuche, registrieren eher die erweiterten Zusammenhänge von Geschlecht und Kapital, die Anlass zu Konflikten geben, als den Konflikt an sich. Ich würde diese Beziehungen, die sich in so vielen unserer gesellschaftlichen Formen und Arrangements widerspiegeln (Ware, Wert, postfordistische Produktion, die sich wandelnde Mobilisierung von Geschlecht, um Jobs und Arbeitsbereiche auszudifferenzieren, usw.), jedenfalls nicht als abstrakt oder theoretisch beschreiben, sondern eher als allgemein, da sie das Leben jedes Menschen auf der Welt auf unterschiedlicher Art und Weise konkret beeinflussen (wie die Kategorien von Race, Geschlecht und Klasse selbst).